JN122469

第3版

介護がわかる

わかる

2 生活を支える制度

MEDIC MEDIA

《 注　意 》

- 本書および付録の一部あるいは全部を無断で転載，インターネット等へ掲載することは，著作者および出版社の権利の侵害となります．予め小社に許諾をお求めください．

- 本書を無断で複写・複製する行為（コピー，スキャン，デジタルデータ化などを含む）は，「私的使用のための複製」等など著作権法上の限られた例外を除き，禁じられています．代行業者などの第三者に依頼して上記の複製行為を行うことや，自らが複製を行った場合でも，その複写物やデータを他者へ譲渡・販売することは違法となります．また大学，病院，企業などにおいて業務上使用する目的（教育活動，研究活動，診療などを含む）で上記の複製行為やイントラネット上での掲載を行うことも違法となります．

- これらの違法行為を行った場合は，著作権法に則り，損害賠償請求などの対応をとらせていただく場合がございますことを予めご了承ください．

- 前各項に関わらず，個人が営利目的ではなく「本書を活用した学習法の推奨」を目的として本書の一部を撮影し，動画投稿サイトや，SNS等に収録・掲載する場合に限り，事前の申請なく，これを許可いたします．詳細については随時更新しますので，掲載前には必ず小社ホームページでご確認ください．

介護がわかる

　『介護がわかる』の主人公は，おばあちゃんの介護をきっかけに介護の世界に足を踏み入れた，普通の女子高生"モモコ"です．モモコは，高校の福祉部のメンバーとともに，介護や福祉についての知識を深めていきます．ぜひモモコや福祉部のメンバーと一緒に介護施設や制度について考えてみてください．

　第2巻では医療保険や年金などの「高齢者の生活を支える制度」について学んでいきます．本書は，過去に介護福祉士国家試験で出題された内容を盛り込んでいるので，学生さんや受験生などのしっかり勉強したい方はもちろん，「最新の制度を再確認したい」という医療や介護の現場で働くスタッフの方にも最適の内容となっています．

　本書が，一人でも多くの方の介護や福祉に対する理解を深める一助となればと願っております．

　最後に本シリーズの編集・制作にあたり，ご協力いただいた介護スタッフや医療スタッフの皆様，各分野の先生方，ご協力者の皆様に心より御礼申し上げます．

2020年10月吉日

編者一同

本書の特徴

　本書は，マンガで楽しく介護を学べる参考書です．肩の力をぬいて，息抜き感覚で読んでみてください．「勉強が苦手！」という方にもぴったりの本です．

　本書のストーリーは，介護福祉士国試の過去問題に基づいて作られており，一通り読むことで国試合格レベルの知識を身につけることができます．また，各話の終わりには「まとめ」や実際に出題された「国試問題」が掲載されており，これらをチェックすることで重要なポイントを確認できます．

第28回試験（平成28年実施）の問題48という意味です

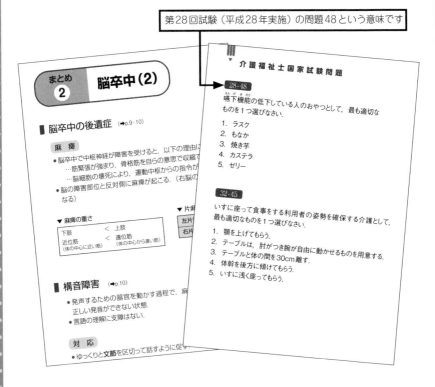

　2巻では，医療保険，日常生活自立支援事業，成年後見制度，コミュニケーション技術，年金，高齢者の入所施設について解説しています．

介護福祉士国家試験概要

●受験資格

① 特別養護老人ホームや介護老人保健施設の介護職員など，主たる業務が介護等の業務である方，介護保険の指定訪問介護事業所の訪問介護員（ホームヘルパー）などで，介護等の業務に従事（在職期間が3年以上，実働日数が540日以上）し，実務者研修を修了した方

② 高等学校又は中等教育学校（専攻科を含む）において，福祉に関する所定の教科目及び単位を修めて卒業した方

③ 特例高等学校（専攻科を含む）において，福祉に関する所定の教科目及び単位を修めて卒業した後，介護等の業務に従事（在職期間：9ヵ月以上，実働日数：135日以上）した方

④ 文部科学大臣及び厚生労働大臣の指定した学校または都道府県知事の指定した養成施設において、介護福祉士として必要な知識と技能を修めて卒業した方

●試験時期

筆記試験：1月下旬
実技試験：3月上旬（実技試験の免除を受けていない場合）
合格発表：3月下旬

●筆記試験科目

午前	午後
領域：人間と社会 　人間の尊厳と自立（2問） 　人間関係とコミュニケーション（2問） 　社会の理解（12問） 領域：介護 　介護の基本（10問） 　コミュニケーション技術（8問） 　生活支援技術（26問） 　介護過程（8問）	領域：こころとからだのしくみ 　発達と老化の理解（8問） 　認知症の理解（10問） 　障害の理解（10問） 　こころとからだのしくみ（12問） 領域：医療的ケア 　医療的ケア（5問） 総合問題（4題〔12問〕） 　3領域の知識・技術について 　横断的に問う問題を， 　事例形式で出題

登場人物紹介

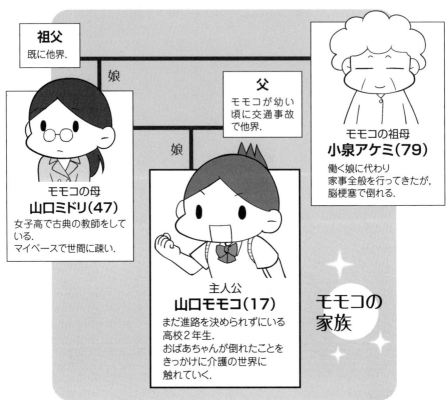

祖父
既に他界.

娘

父
モモコが幼い頃に交通事故で他界.

娘

モモコの祖母
小泉アケミ(79)
働く娘に代わり家事全般を行ってきたが,脳梗塞で倒れる.

モモコの母
山口ミドリ(47)
女子高で古典の教師をしている.
マイペースで世間に疎い.

主人公
山口モモコ(17)
まだ進路を決められずにいる高校2年生.
おばあちゃんが倒れたことをきっかけに介護の世界に触れていく.

モモコの家族

学校の仲間

福祉部の部長
ダイフク(17)

モモコの親友
ユメカ(17)

福祉部の部員
茶平(17)

ご近所さん

アケミの友人
島田ヨネ(81)
認知症を患う.

ヨネの息子
島田洋一
大阪で家族と住んでいる.

社会福祉士
大田フク子
地域包括支援センター
に勤めるダイフクの姉.

ケアマネジャー
伊集院
アケミやヨネの
ケアプランを担当する.

社会福祉士
板本
おかにわ市社会福祉協
議会のスタッフ.

福祉の
専門家

特養のスタッフ
大島

特養の介護福祉士
犬山

施設の
スタッフ

小規模多機能型居宅
介護事業所の所長
剛田

グループホームの
スタッフ
角田

監 修
（50音順・敬称略）

後藤　佳苗	一般社団法人 あたご研究所
佐近　慎平	新潟医療福祉大学 健康科学部 准教授
谷口　泰司	関西福祉大学 社会福祉学部 社会福祉学科 教授
松村　美枝子	介護と生活研究所 所長 介護生活アドバイザー
水下　明美	医療法人社団健身会 居宅介護センターさくら
	介護支援専門員 社会福祉士 精神保健福祉士
南　牧生	平成帝京大学 現代ライフ学部 人間文化学科 教授

取材協力
福井　幸成　株式会社大起エンゼルヘルプ　事業部長代理

原作・編集・制作
医療情報科学研究所
介護がわかる編集部

マンガ原案
トミヤス　アキ

カバーイラスト
日辻　彩

カバー・表紙デザイン
chichols（チコルズ）

協力
株式会社ケイファクトリー

ホームページ,SNSから情報発信中
『福ぞうくん』
https://fukushi.medicmedia.com/

ウェブサイト「福ぞうくん」，Twitter，LINEでは，書籍情報や活用方法，
試験センターからの試験情報，法制度改正情報，時事ニュース，試験対策クイズ
などのすぐに役立つ情報を発信しています．

SNS登録
受付中!

介護がわかる ❷
生活を支える制度

CONTENTS

ここまでのあらすじ

モモコは，アケミおばあちゃんとお母さんとの3人ぐらし．ある日，アケミが脳梗塞で倒れ，入院することに．

アケミは一命をとりとめたが，後遺症として麻痺や言語障害がのこり，要介護2と認定される．

アケミのリハビリテーションは順調に進み，退院し自宅での生活がスタートした．

さーて

後期高齢者医療制度と高額療養費制度の2つを説明する前に

医療保険について説明する必要がありそうだねーっ

何で私まで

医療保険っていうと…

あ！「いーねコロかい？」の"医"
（➡1巻 p.66）

社会保険のひとつだ！

そう！

だから加入は義務!!

日本は**国民皆保険制度**といって

全員が何らかの医療保険に加入することになってるよー！*

うさぎ補足

1958（昭33）年に『**国民健康保険法**』が改正され，これまで無保険者であった農業や自営業を営む人たちなども健康保険の被保険者となりました．

そして，1961（昭36）年に全国の市区町村で国民健康保険事業が始まり，国民皆保険制度が実現しました．

え？全員加入って…

私入った覚えないよ

*ただし，生活保護世帯については，国民健康保険，後期高齢者医療制度に加入することはできません．したがって，もし健康保険に加入できない場合には無保険となりますが，この場合には生活保護による医療扶助が受けられます．（国民健康保険法第6条第9号，高齢者の医療の確保に関する法律第51条第1号）

うさぎ補足

被扶養者になるには，被保険者と以下の関係であり，年収が130万円未満（60歳以上または障害者は180万円未満）であって，かつ被保険者の年収の2分の1未満であることが条件となります.

▼ 被扶養者になれる人（健康保険の場合）

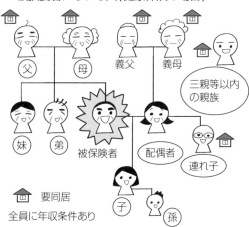

要同居
全員に年収条件あり

▼ 被扶養者の被保険者との関係

- 配偶者（内縁関係も可）や，子，孫，弟，妹
- 同居している三親等以内の親族
- 同居している配偶者（内縁関係も可）の父母や連れ子
- 同居している死亡した配偶者（内縁関係も可）の父母，連れ子

＊ ただし，国民健康保険の場合には家族全員が被保険者となります（p.6参照）.

5

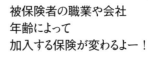

それから
ここも重要!!

被保険者の職業や会社
年齢によって
加入する保険が変わるよー!

▼ 医療保険の種類と対象

医療保険	制 度		被保険者	保険者	法 規	給付事由
	被用者保険	健康保険	中小企業の サラリーマンと その家族	全国健康 保険協会 (協会けんぽ)	健康保険法	業務外の病気・怪 我, 出産, 死亡(船 員保険は職務上の 場合を含む)
			大企業の サラリーマンと その家族	健康保険 組合		
		船員保険	船員と その家族	全国健康 保険協会	船員保険法	※業務上の病気・ 怪我, 死亡は 労災保険
		共済保険	公務員, 私立学校職員と その家族	各共済組合	各共済 組合法	
	国民健康保険		特定業種(医歯薬, 弁護士, 酒屋など) の自営業者	国民健康 保険組合	国民健康 保険法	病気・怪我, 出産, 死亡
			上記以外の 一般住民	都道府県 市区町村		※業務上・業務外 の区別なし
高齢者医療	後期 高齢者 医療制度		75歳以上の者 および 65〜74歳で 一定の障害のある者	後期高齢者 医療広域 連合	高齢者医療 確保法 (→p.8)	病気・怪我

医療情報科学研究所 編：公衆衛生がみえる(第4版)：p.161, メディックメディア, 2020(引用改変)

うちのママは
学校の先生だから
共済組合だー

あたしのパパは
サラリーマンだから
健康保険ね

そして
保険加入者には
保険証

正確にいうと
『被保険者証』が
交付されるよー

これ

被保険者証は
加入している保険の
種類や勤めている
事業所によって

色や形が
異なっているねー!

うさぎ補足

健康保険，船員保険，共済組合は
被雇用者（雇用されている者）が加入する
保険なので**被用者保険**と呼ばれます．

被用者保険の保険料は事業主（1/2）と被用者（1/2）で負担しますが，国民
健康保険加入者の場合，保険料は全額自己負担となります．（ただし，医療
費の1/2を国庫が負担するため，保険料は実質1/2［被用者保険と同程度］
となっています．）

なお，国民健康保険の保険料額は，応益割（定額）と応能割
（負担能力に応じて）を考慮し，市区町村ごとに算定するため，
市区町村により異なります．＊

＊応益割は「均等割」，応能割は「所得割」とも呼ばれます．

7

＊『高齢者の医療の確保に関する法律』

8

だから後期高齢者で
独立した医療制度を設けて
幅広くみんなで負担する
しくみに変えたんだ!!

公費（税）
50%

後期高齢者
支援金
40%

高齢者の保険料
10%

後期高齢者
医療制度の
保険料内訳

うさぎ補足

老人保健制度は1983（昭58）年
に成立した『老人保健法』に
基づいた制度で，70歳以上*
（寝たきりは65歳以上）
の高齢者の医療費を国民全体で
公平に負担するための制度でした．

2006（平18）年に『老人保健法』は
『高齢者医療確保法』に改正され，
老人保健制度は後期高齢者医療制度に
移行されました．（2008年施行）

1983年 （昭58）	老人保健法：老人保健制度

改正

2006年 （平18）	高齢者医療確保法：後期高齢者 医療制度

この後期高齢者
医療制度の保険者

後期高齢者
医療広域連合

つまり運営主体が
後期高齢者医療広域連合
だってことも
覚えておこう！

たまには
ボクも

広域連合ってのは
各都道府県の
全市区町村で構成する
特別な地方公共団体の
ことだよ！

モモコさんの
おばあさんは
79歳だったよね

だから後期高齢者
医療制度が
適用される

その場合
75歳以上の
医療費負担は
1割なんだよ

医療費

1割!? 少なっ！

だから
おばあちゃんの
医療費は安いんだ

＊ 2002（平14）年より段階的に年齢を引き上げ，2007（平19）年には75歳以上となった．

＊70歳以上の場合，申請しなくても自動的に医療機関の窓口での支払が負担上限額までにとどめられます.

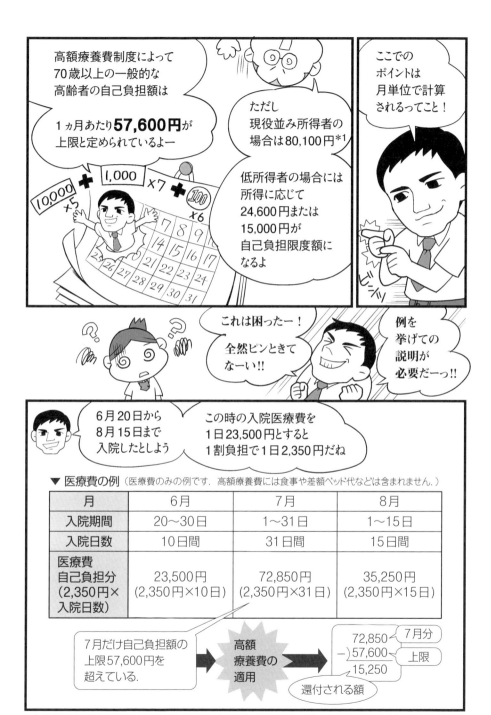

▼ 医療費の例（医療費のみの例です．高額療養費には食事や差額ベッド代などは含まれません．）

月	6月	7月	8月
入院期間	20〜30日	1〜31日	1〜15日
入院日数	10日間	31日間	15日間
医療費 自己負担分 （2,350円× 入院日数）	23,500円 （2,350円×10日）	72,850円 （2,350円×31日）	35,250円 （2,350円×15日）

*1 正確には年収約370万以上では80,100円＋（医療費－267,000）×1％、年収約770万以上では167,400円＋（医療費－842,000）×1％、年収1,160万以上では252,600円＋（医療費－558,000）×1％が上限額となる.

11

病院の窓口で支払う自己負担分以外の医療費の給付を**療養の給付**というんだけど

医療保険の給付には療養の給付や高額療養費以外にもこれだけの給付があるんだよー！

▼ 保険給付の種類

医療給付（現物給付）	療養の給付	● 傷病の治療に要した金額に対して一定の割合を保険者が負担する.
	高額療養費	● 長期入院などで治療費が規定の自己負担限度額を上回った分が給付される.
	療養費*1	● やむを得ない事情により保険医療機関で保険診療を受けることができなかった場合に支給される.
所得保障（現金給付）	傷病手当金*2	● 傷病のために働けなくなった被保険者の所得を保障する.（給与の2/3相当）
	出産手当金*2	● 産婦が産休中，約100日にわたり所得を保障する.（給与の2/3相当）
	出産育児一時金	● 一児を出産するごとに，原則42万円が給付される.
	埋葬料	● 被保険者が死亡した場合，家族または埋葬を行った者に対して約5万円を給付する.
	移送費	● 傷病のため移動が困難な者が医師の指示でやむを得ず移送された場合に支給される.

医療情報科学研究所 編：公衆衛生がみえる（第4版）：p.162，メディックメディア，2020（引用改変）

＊1 急病や旅行中の怪我，やむを得ない事情で保険証を提示できなかった場合や医師が必要と認めた装具代などが療養費に該当し，現金給付となる（現物給付の例外）.

＊2 国民健康保険の場合，「傷病手当金」，「出産手当金」の給付は必須ではありません.

まとめ 1 医療保険

■ 医療保険制度 (➡p.4〜7)

- 1958（昭33）年『国民健康保険法』が改正され，1961（昭36）年に全国の市区町村で国民健康保険事業が始まり，**国民皆保険**制度は実現した．
- 健康保険，船員保険，共済保険は**被用者保険**であり，保険料は事業主と被用者で負担する．
- 国民健康保険の加入者は，保険料が全額自己負担となる．

▼ 医療保険の種類と対象

医療保険	制 度		被保険者	保険者	法 規	給付事由
	被用者保険	健康保険	中小企業のサラリーマンとその家族	全国健康保険協会（協会けんぽ）	健康保険法	業務外の病気・怪我，出産，死亡（船員保険は職務上の場合を含む） ※業務上の病気・怪我，死亡は労災保険
			大企業のサラリーマンとその家族	健康保険組合		
		船員保険	船員とその家族	全国健康保険協会	船員保険法	
		共済保険	公務員，私立学校職員とその家族	各共済組合	各共済組合法	
	国民健康保険		特定業種（医歯薬，弁護士，酒屋など）の自営業者	国民健康保険組合	国民健康保険法	病気・怪我，出産，死亡 ※業務上・外の区別なし
			上記以外の一般住民	市区町村		
高齢者医療	後期高齢者医療制度		75歳以上の者 および 65〜74歳で一定の障害のある者	後期高齢者医療広域連合	高齢者医療確保法（➡p.8）	病気・怪我

医療情報科学研究所 編：公衆衛生がみえる（第4版）：p.161，メディックメディア．2020（引用改変）

医療保険の給付の種類 (➡p.12)

- 医療給付は医療サービス（診療・治療など）という現物で給付される（現物給付）.
- 医療給付の適用とならない出産の費用，死亡した際の埋葬料などは，現金で給付される（現金給付）.

▼ 保険給付の種類

医療給付（現物給付）	療養の給付	● 傷病の治療に要した金額に対して一定の割合を保険者が負担する.
	高額療養費	● 長期入院などで治療費が規定の自己負担限度額を上回った分が給付される.
	療養費*1	● やむを得ない事情により保険医療機関で保険診療を受けることができなかった場合に支給される.

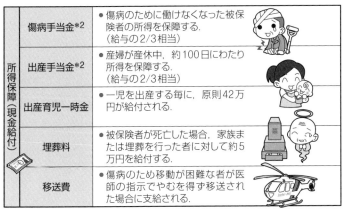

所得保障(現金給付)	傷病手当金*2	● 傷病のために働けなくなった被保険者の所得を保障する.(給与の2/3相当)
	出産手当金*2	● 産婦が産休中,約100日にわたり所得を保障する.(給与の2/3相当)
	出産育児一時金	● 一児を出産する毎に,原則42万円が給付される.
	埋葬料	● 被保険者が死亡した場合,家族または埋葬を行った者に対して約5万円を給付する.
	移送費	● 傷病のため移動が困難な者が医師の指示でやむを得ず移送された場合に支給される.

*1 急病や旅行中の怪我,やむを得ない事情で保険証を提示できなかった場合や医師が必要と認めた装具代などが療養費に該当し,現金給付となる(現物給付の例外).

*2 国民健康保険の場合,「傷病手当金」,「出産手当金」の給付は必須ではありません.

医療情報科学研究所 編：公衆衛生がみえる(第4版)：p.162,メディックメディア,2020(引用改変)

■ 医療費の自己負担割合 (➡p.7・9・10)

- 医療費の自己負担割合は,年齢により異なる.
- 医療保険制度では,医療費の自己負担は原則として**3割**である.
- 0歳から小学校就学*まで,70歳以上75歳未満の自己負担は,原則として**2割**である.
- 後期高齢者医療制度が適用になる75歳以上の自己負担は,原則として**1割**である.
- 70歳以上のうち,一定以上所得者(現役並み)の自己負担は**3割**である.

▼ 医療費の自己負担割合

医療情報科学研究所 編：公衆衛生がみえる(第4版)：p.162,メディックメディア,2020(引用改変)

* 子ども(最長で高校卒業まで)を助成する自治体もある.

介護福祉士国家試験問題

29-6

Cさん（30歳，女性）は介護老人福祉施設で常勤職員として働いている．出産を来月に控えて，産前6週間・産後8週間の予定で産休を取ることにした．産休中のCさんの所得の喪失または減少を補填するために，医療保険制度から支給されるものとして，適切なものを1つ選びなさい．

1. 出産育児一時金
2. 休業補償給付
3. 傷病手当金
4. 育児休業給付
5. 出産手当金

30-9

Eさん（64歳，男性）は，4年前に企業を定年退職して無職であり，専業主婦の妻と二人で年金生活をしている．他の家族の医療保険の被扶養者ではない．ある日，Eさんは，自宅の庭掃除をしている時に転倒して，大腿骨を骨折（fracture）した．そのため病院で手術をすることになった．次の制度のうち，医療費の支払いに適用できるものとして，正しいものを1つ選びなさい．

1. 国民健康保険
2. 介護保険
3. 労働者災害補償保険
4. 健康保険
5. 後期高齢者医療

解答

29-6の答え：1（p.12参照）：2．労働者災害補償保険制度からの給付である．
　　　　　　　　　　　　　　4．雇用保険制度からの給付である．

29-6の答え：1（p.6参照）

…そしたら……

…初期のアルツハイマーやって…

…まあ…そうなの…

…洋一おじさん…

ショックだよね…

そうやねん

アリセプト®っちゅう薬を飲むことになったんやけど…

アルツハイマーは治らん病気やって聞いて…

…ショックやでー…

はー

ミドリちゃんに聞いてもらってちょっとスッキリしたわ

私でよければいつでも聞くよ

で
これからどうするの？

オレは大阪で一緒に暮らそうって前から言ってるんや

けど本人が家を離れたくないーって頑固でな

病院でも「まだ初期ですからまずは介護保険を申請してもう少し様子をみられてはどうでしょう？」

そうなんだ

私達もヨネさんのこと気をつけてみるようにするわ

って言われたわ

介護保険

あの！
洋一おじさん！

介護保険ならまず包括（➡1巻 p.97）に行ってみるといいよ！

19

- 家の中が整理できなくなっており雑然としている.

- 「泥棒に入られた, 財布がない」と言って探していることが時々ある.

- 冷蔵庫には牛乳が10パックも入っていた.

- 以前はおしゃれに気を使う性格であったが, 近頃は服装が乱れていることが多い.

—とまあ こんな感じですわ

なるほど

まず介護保険の申請をして介護保険サービスを使えるようにしましょう

申請はここ包括でも代行できますよ

(➡1巻 p.67)

お母様は認知症の症状も軽度ですし

身の回りのことはほぼご自身でできているみたいなのでおそらく「要支援」になるかと思います

そうなったらどないになるんでっか?

介護保険の
介護予防サービスや
(➡1巻p.94)

市の介護予防・日常生活
支援総合事業 (➡1巻p.104) に
訪問型のサービスも
ありますから

それらを
利用されるのも
よいかと
思います

一度ケアマネと
伺わせて
いただきますね

ほな
よろしくお願い
します

…というわけや

そっか
そっか

で
ミドリちゃんに
モモコちゃん

申し訳ないん
やけど
なんか変わった
ことあったら
知らせてなー

もちろん！

まかせ
といて！

一数カ月後

バイ
バーイ

またね〜

学苑高等学校

福祉部

今日のテーマ
認知症

モモコさんの
ご近所の
Yさんは

うさぎ補足

民生委員は,『民生委員法』に
基づいて都道府県知事が推薦し,
厚生労働大臣から委嘱された
特別職の地方公務員（活動は無
償）です.

任期は3年で, 児童委員を
兼ねています.

一次の日

ピンポーン

こんにちはー

おー
モモコちゃん

よう来たなー
まあ上がってやー

お邪魔
しまーす

CAKE

ごゆっくりー

ありがとう
ございます

こちらにも
民生委員さんは
いらしてますか？

ときどき来てくれてるよ

それに
高齢者見守り
ネットワークちゅうのも
あるんやてな

包括で
大田さんって
女の人に
教えてもろたわ

ならもう
バッチリ！

ボクから
言うことは
何にも
ありません!!

お姉さんだ…
(➡1巻 p.107)

へーお姉さん
なんや

ハイ自慢の
姉でして

ん？

あれって
消火器
だよね？

26

あの消火器
どーして
あんな所に
置いてんの？

どうやら おふくろが
訪問販売で
買ったらしいんや

消防署の人が来て
法律で一家にもう1台
新しく買わんといかんって
言われたーってな

うちの台所には
既に1台あるっ
ちゅうねん！

…なーんか
怪しいわね
……

ああ　それはいわゆる
"かたり商法"ですね

公的機関から
来たと偽って
モノを売りつける
典型的な訪問販売の
悪質商法です！

許せない！
ヨネさんを
だますなんて!!

キーッ!!

ホンマ
油断もすきも
ないで！

しかし　アレ
見るのもイヤやわ
返したいわー

ホント
サイテー
だね！

プンプン

その消火器
いつ買った
ものだか
わかります？

領収書の
日付は…

それならお金は
取り戻せますよ！

3日前や

訪問販売で
買ったものであれば
法定の契約書面を
受領した日から8日間は

クーリング・オフ
という制度が
利用できるんですよ

何や聞いたこと
あるで

洗濯した
みたいに
きれいに
するやつか？

おじさん
それは
クリーニング

クーリング・オフっていうのは
訪問販売や電話勧誘などで
結んだ契約を

**一定期間内なら
無条件で一方的に
解除できる制度**
なんです

へー

代金は全額返還されるし
損害賠償や違約金を
請求されることも
ないですよ

やったー！！

ただし
どんな商品や契約でも
クーリング・オフが
適用されるってわけじゃ
ないんです

対象となる商品は
下の通りです

これは
知っといた方がええな

▼ クーリング・オフの種類

商品，販売方法，契約等の種類	クーリング・オフ期間
訪問販売・電話勧誘販売 特定継続的役務提供 宅地建物取引・ゴルフ会員権契約	契約書面受領日から8日間
割賦販売	契約書面受領日から8日間
保険契約	契約書面受領日と契約の申込みをした日のいずれか遅い方から8日間（ただし，クーリング・オフしても，それまでの保険料の支払い義務は残る場合あり）
投資顧問契約	契約書面受領日から10日間（ただし，クーリング・オフしても，それまでの報酬の支払い義務は残る場合あり）
預託取引契約（現物まがい商法）	契約書面受領日から14日間
業務提供誘引販売取引（内職商法）	契約書面受領日から20日間
連鎖販売取引（マルチ商法）	契約書面受領日から20日間（ただし，商品再販売の場合は，契約書面受領日または最初の商品受領日の遅い方から20日間）

通信販売
インターネット通販
などは対象外です

儲けてあげますよ

本当かなぁ…

うさぎ補足

悪徳商品の被害や
クーリング・オフについて
などの消費者生活
全般に関する相談は，
地方自治体が運営する
消費生活センターで
受け付けています．

どうすれば
クーリング・オフ
できるんかな？

事業者に対して
クーリング・オフ通知書を
送付すれば

その時点で
契約は解除
されたことに
なりますよ

まとめ 2

一人暮らしの高齢者への援助

民生委員　(➡p.24)

- 『民生委員法』に基づいて**都道府県知事**が推薦し，**厚生労働大臣**から委嘱される．
- 報酬なしで活動し，任期は3年．（児童委員を兼務）
- 地域の住民の生活状態を把握し，援助が必要な人がいたら行政との橋渡しをする．

高齢者見守りネットワーク　(➡p.24・25)

- 市区町村ごとに行っているもので，地域の身近な事業者などが連携して，高齢者の暮らしを見守るというもの．

■ クーリング・オフ (➡p.28・29)

- クーリング・オフ制度では，訪問販売や電話契約などで結んだ契約を，一定期間内なら無条件に一方的に解除できる．
- 訪問販売に対しては，法定の契約書面を受領した日から8日間はクーリング・オフ制度が適用される．

▼ クーリング・オフの種類

商品，販売方法，契約等の種類	クーリング・オフ期間
訪問販売・電話勧誘販売 特定継続的役務提供 宅地建物取引・ゴルフ会員権契約	契約書面受領日から8日間
割賦販売	契約書面受領日から8日間
保険契約	契約書面受領日と契約の申込みをした日のいずれか遅い方から8日間（ただし，クーリング・オフしても，それまでの保険料の支払い義務は残る場合あり）
投資顧問契約	契約書面受領日から10日間（ただし，クーリング・オフしても，それまでの報酬の支払い義務は残る場合あり）
預託取引契約（現物まがい商法）	契約書面受領日から14日間
業務提供誘引販売取引（内職商法）	契約書面受領日から20日間
連鎖販売取引（マルチ商法）	契約書面受領日から20日間（ただし，商品再販売の場合は，契約書面受領日または最初の商品受領日の遅い方から20日間）

消費生活センター

- 住民である消費者にクーリング・オフについてなどの消費生活上のサービスを提供する，地方自治体の機関である．

32-55

Aさん（85歳，女性，要介護1）は，認知症（dementia）があり判断能力が不十分である．一人暮らしで，介護保険サービスを利用している．訪問介護員（ホームヘルパー）が訪問したときに，物品売買契約書を見つけた．Aさんは，「昨日，訪問販売の業者が来た」「契約書については覚えていない」と話した．

訪問介護員（ホームヘルパー）から連絡を受けたサービス提供責任者が，迅速にクーリング・オフの手続きを相談する相手として，最も適切なものを1つ選びなさい．

1. 行政書士
2. 消費生活センター
3. 家庭裁判所
4. 保健所
5. 相談支援事業所

32-96

制度化された地域の社会資源として，最も適切なものを1つ選びなさい．

1. 家族会が行う悩み相談
2. 近隣の住民からの善意の声かけ
3. 同居家族が行う身の回りの介護
4. コンビニエンスストアによる見守り
5. 民生委員が行う相談・援助

32-55の答え：2（p.29参照）
32-96の答え：5（p.24参照）

ヨネさんの
お金の管理に
不安があるなら

**日常生活自立
支援事業**を
利用すると
いいですよ

それ
何や？

認知症や知的・
精神の障害などで
判断能力が
十分でない人の

身の回りのことや
金銭管理を
支援してくれる
制度です！

ホンマ!?

市区町村の
社会福祉協議会で
相談にのって
くれますよ

何々？
どこだって？

『社会福祉法』に基づいて
設置されている
非営利の民間組織で

地域福祉の推進を
図ることを目的としている
組織が社会福祉協議会

ほう
ほう

ボクくらい詳しく
なると**社協**（しゃきょう）
って略しちゃうね

へ〜

ほな
早速おふくろと
相談に
行ってみるか！

君たちも
来てくれたら
心強いん
やけど…

もちろん!!

おかにわ市
社会福祉協議会

ビクッ

スパーン

はいっ！

いいですか～!?

本日説明させて
いただきます

ファサー

名刺です

どうも

板本
と申します～

早速なんですが
日常生活自立支援
事業を利用
したいんですわ

何をしたら
ええんですか？

こちら市の社協で
相談・申請を
受け付けております

ハイ

うさぎ補足

日常生活自立支援事業は、
実施機関である
都道府県・指定都市の社協
から委託を受けた
市区町村の社協が
窓口業務を行っています。

ヨロシク

OK!

市区町村

指定
都市

都道
府県

社会福祉協議会

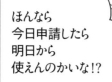

ほんなら
今日申請したら
明日から
使えんのかいな!?

いえ
いえ〜

申請したからと言って
すぐに利用
できるわけでは
ありません

下が申請後の
流れですねー

利用申請すると
専門員という社協の職員が
申請者を訪問させて
いただきます

そしてご本人の
状態を把握したり
ご本人の希望を聞いたりしながら
支援計画を作成するんです

① 相談する

市区町村の社協へ
相談する.

② 訪問・面接

専門員が訪問し，話を
聞く.

③ 支援計画作成

困っていることや希望を
聞き，本人の意向を確
認しながら支援計画を
作成する.

④ 契約

作成した支援計画に同
意・確認の上，契約を
する.

そして作成した
支援計画を
申請者が確認して
同意すれば
契約が成立し

⑤ サービス開始

契約（支援計画）に基づ
き，生活支援員が支援
する.

サービスが開始
されるという
流れに
なるんですよ

同意

36

それでどないなサービスを受けられるんでっか？

生活支援員が定期的に利用者さんの家に訪問しまして

生活支援員

利用者

預貯金の出し入れや通帳の管理公共料金などの支払いの手続きや年金の受給など

日常的な金銭面の管理を行わせていただくんです

ATM

窓口

通帳

生活支援員さんって誰でっか？

社協が推せんし研修を受けられた方です

ほんでサービス利用にお金はかかるんかいな？

都道府県または指定都市の社協によって利用料が決められています

ここだけの話いくらかまけてもらえまっか？

洋一おじさん値切らない

冗談やがな！冗談！

一人暮らしで認知症のかーちゃんを助けてくれる制度や

感謝して利用させてもらうで〜！

ホントに冗談か？

ただし
この制度

すべての認知症の
高齢者が利用できる
訳ではないんですよ

でもこれって
「日常生活」の
支援の話だよね
財産とか土地とか
大きなお金は
どうなるんだろう？

と言うと？

利用できるのは
「判断能力が十分ではないが，
契約内容について判断し得る
能力を有していると
認められる高齢者」なんです*

だから
認知症が
進行してしまって
契約内容についても
判断できない人は
利用することが
できないんです*

ハイ

判断力の
無い人は
どうしたら
いいのかな……

？

そういった場合には
成年後見制度
を利用するんです！

成年後見制度

これは認知症高齢者や
障害者の財産管理などを
支援するための制度

これを利用すれば
契約などの法律行為は
本人の判断能力に応じた
必要な範囲で

後見人に
代理などを
してもらうことが
できるんです

後見人

「後見人を立てる」
というのと

**「必要な範囲で
代理する」**ってとこが
ポイントだよ

すばらしい！

お前は
腐ったみかん
なんかじゃ
ない！

…はあ

*なお，成年後見制度を利用すれば，判断能力のない高齢者でも，後見人が契約することで日常生活自立支援
事業を利用することが可能になります.

38

 これが **任意後見制度** だ!

Q. どういった人がこの制度を利用できますか？

A. 判断能力を有する高齢者が利用できます．

Q. この制度を利用するにはどうしたらよいですか？

A. まずは後見人と契約を結びます．

① 自分の選んだ後見人（任意後見人受任者）と公証役場に行きます．

本人
公証役場
任意後見人受任者

② 役場で公証人が作成する公正証書によって契約を結びます．

公証人
公正証書
本人
契約
任意後見人受任者

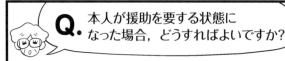

Q. 本人が援助を要する状態になった場合，どうすればよいですか？

A. 家庭裁判所に申し立てを行うことで後見人が法律行為を行えるようになります．

① 本人，配偶者，4親等以内の親族，任意後見人受任者などが家庭裁判所に申し立てを行います．

要援助状態

本人

任意後見人受任者

本人

配偶者

家庭裁判所

申し立て

4親等以内の親族

② そうすると**任意後見監督人**が選任され，この監督のもと任意後見人が本人に代わり法律行為が行えるようになります．

家庭裁判所

選任

任意後見人　本人

任意後見監督人

監督

任意後見人に不正な行為やその他その任務に適さない事由があるときは

任意後見監督人，本人，その親族，または検察官の申し立てにより

家庭裁判所は任意後見人を解任することができます

家裁　解任　窃盗など

そしてもうひとつ

法定後見制度 のしくみ

Q. どういった人がこの制度を利用できますか？

A. 判断能力がなくなり，援助が必要になった高齢者が利用できます．

Q. この制度を利用するにはどうしたらよいですか？

A. まずは本人，配偶者，4親等以内の親族などが家庭裁判所に申し立てをします．

要援助状態

本人

申し立て

家裁

本人

配偶者

4親等以内の親族

本人に身寄りがない等の場合法定後見開始の申し立ては**市区町村**により行われます

Q. 申し立て後の流れを教えてください

A. 家庭裁判所により成年後見人等が選ばれ, 後見が開始されます.

① **家庭裁判所**が本人の判断能力に 応じて成年後見人等を選定する.

② 後見人が選任されると家 庭裁判所の監督のもと 法定後見が開始される.

ちなみに 法定後見には 本人の判断能力に応じて **後見, 保佐, 補助**という 3つの区分があってですね

それぞれ援助者に 与えられている権限が 異なるんですよ

区　分		後　見	保　佐	補　助
本人の判断能力		欠く常況（全くない）	著しく不十分	不十分
開始の手続き	申し立て権者	本人, 配偶者, 四親等以内の親族, 未成年後見人, 未成年後見監督人, 検察官, 任意後見受任者, 任意後見人, 任意後見監督人, 市町村長		
	本人の同意	不　要		必　要
援助者		監督人を選任することがある.		
		成年後見人	保佐人	補助人
権　限		財産に関する 法律行為の代理 →本人が自ら契約した もので不利益なものは 取り消すことができる.	一定の行為に関する 同意 →日常生活に関する行 為については, 保佐人 の同意は必要ない.	代理と同意 →家庭裁判所の審判の もと保護が必要な行為 の範囲を特定して与え られる.

ちなみに 成年後見人 保佐人 補助人には

どういった人が 選ばれるんですか？

いい 質問です！

親族が
選任される
場合もあるし

弁護士，司法書士
などといった
法律や福祉の専門家

福祉関係の
公益法人が
選任されることも
あるんですねー

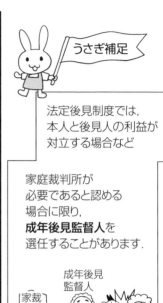

うさぎ補足

法定後見制度では，
本人と後見人の利益が
対立する場合など

家庭裁判所が
必要であると認める
場合に限り，
成年後見監督人を
選任することがあります．

こういった制度を
利用すれば

認知症の高齢者が
悪い人にだまされることも
少なくなるね！

日常生活自立支援事業も
成年後見制度も

もっとみんなに
知ってもらって
利用して
もらえるように

伝えていく必要が
ありますね

ボクは
知りましぇん!!

…なんてことに
ならないように

今回の元ネタ
ちょっと古くない？

何のこと？

まとめ 3 日常生活自立支援事業・成年後見制度

▌社会福祉協議会 (➡p.34)

- ●『社会福祉法』に基づき設置されている民間団体で，**地域福祉の推進**を図ることを目的とした活動を行っている.
- ●社会福祉協議会には，全国の社会福祉協議会の中核となる**全国社会福祉協議会**をはじめ，各都道府県や指定都市に設置された**都道府県・指定都市社会福祉協議会**，各市区町村に設置された**市区町村社会福祉協議会**があり，それぞれ異なる役割をもっている.

▼ 社会福祉協議会の役割

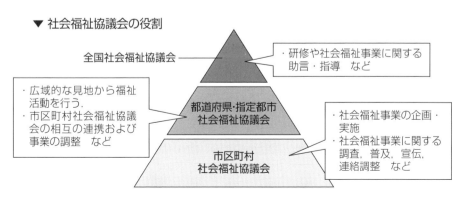

全国社会福祉協議会 ── ・研修や社会福祉事業に関する助言・指導　など

都道府県・指定都市社会福祉協議会

・広域的な見地から福祉活動を行う.
・市区町村社会福祉協議会の相互の連携および事業の調整　など

市区町村社会福祉協議会

・社会福祉事業の企画・実施
・社会福祉事業に関する調査，普及，宣伝，連絡調整　など

▌日常生活自立支援事業　(➡p.34〜37)

- 実施主体は，**都道府県**または**指定都市**の**社会福祉協議会**である．
- 対象：認知症や知的障害，精神障害などにより，判断能力が十分ではないが，契約内容について判断し得る能力を有していると認められる者．
- 判断能力が不十分で契約締結能力を喪失した者は，成年後見制度等を利用して代理人（保護者）を選出し，代理人が社会福祉協議会と契約する．
- 都道府県または指定都市の社会福祉協議会によって利用料が決められている．

▼ 日常生活自立支援事業のサービス

① 福祉サービスの利用援助（苦情解決制度の利用援助等を含む）
② 住宅改造や賃借，日常生活上の契約や住民票の届出等の行政手続に関する援助
③ 書類の預かり
④ 上記に伴う援助として，日常的な金銭管理，定期的な訪問による生活変化の察知

専門員と生活支援員

▼ 日常生活自立支援事業の専門員と生活支援員

専門員	● 申請者の実態把握と確認，支援計画の作成および契約の締結に関する業務を行う． ● 常勤職員であり，原則として高齢者や障害者等への援助経験のある社会福祉士や精神保健福祉士
生活支援員	● 専門員の指示を受けて，具体的援助を提供するとともに，専門員が行う実態把握業務についての補助的業務を行う． ● 非常勤職員が中心．資格等は特に必要とされない．

■ 成年後見制度　(➡p.38〜42)

- 本人の判断能力に応じて，後見人が必要な範囲で法律行為を代行する制度である．
- 後見人の仕事は大きく**財産管理**と**身上監護**に分けられる．
  - …財産管理：通帳の管理や公共料金の支払いなどの日常の金銭管理から，不動産や遺産相続の手続き等の財産の維持や処分を行う．
  - …身上監護：介護や福祉，医療サービス利用についての契約手続きを行うなど，被後見人の生活や健康に関する事務を行う．
- 判断能力が衰えてしまう前に自分で後見人を選ぶことができる**任意後見制度**と，判断ができなくなった場合に適用される**法定後見制度**がある．
- 「法定後見制度」では，本人の判断能力に応じて**後見**，**保佐**，**補助**という3つの区分に分けられ，それぞれ援助者に与えられる権限が異なる．

▼ 法定後見と任意後見

区　分		事理弁識（行為）能力		援助者
法定後見	後　見	欠く常況（全くない）	成年後見人	監督人を選任することがある．
	保　佐	著しく不十分	保佐人	
	補　助	不十分	補助人	
任意後見		本人の判断能力が不十分になったときに，本人があらかじめ結んでおいた任意後見契約に従って任意後見人が本人を援助する制度．家庭裁判所が任意後見監督人を選任したときから，その契約の効力が生じる．		

▼ 法定後見制度

援助者	後見人	保佐人	補助人
権　限	**財産に関する法律行為の代理** →本人が自ら契約したもので不利益なものは取り消すことができる．	**一定の行為に関する同意** →日常生活に関する行為については，保佐人の同意は必要ない．	**代理と同意** →家庭裁判所の審判のもと保護が必要な行為の範囲を特定して与えられる．

 advice

後見人には，本人の親族以外にも，法律・福祉の専門家や，福祉関係の公益法人などが選ばれる場合があります．

介 護 福 祉 士 国 家 試 験 問 題

27-15

権利擁護に関する次の記述のうち，適切なものを１つ選びなさい．

1. 法定後見開始の申立ができるのは，利用者本人とその配偶者に限られている．
2. 任意後見制度では，利用者本人による任意後見人の選任を認めている．
3. 日常生活自立支援事業の対象者は，認知症高齢者で判断能力が不十分な者に限られている．
4. 日常生活自立支援事業では，公共料金の支払いの支援は対象から除かれている．
5. 映像や音声の情報は，医療・介護関係事業者の個人情報保護の対象ではない．

29-15

Eさん（88歳，女性）は，一人暮らしで親族はいない．収入は年金と所有するアパートの家賃である．介護保険の訪問介護（ホームヘルプサービス）を利用している．最近，認知症（dementia）が進んで，家賃の管理ができなくなった．家賃の管理に関する訪問介護事業所の対応として，最も適切なものを１つ選びなさい．

1. アパートの管理を不動産屋に委託するように，Eさんに助言する．
2. 日常生活自立支援事業の活用を，Eさんに助言する．
3. 訪問介護事業所が家賃の集金等を行う．
4. 成年後見制度の活用を，担当の介護支援専門員（ケアマネジャー）に提案する．
5. 隣の人に見守りを依頼する．

27-15の答え ：2（p.39参照）：5.『個人情報保護法』によれば，「他の情報と容易に照合することで特定の個人を識別することができる」全ての情報が保護の対象となり，映像，音声による情報も含まれる．（第2条第1項）
29-15の答え ：4（p.38参照）：2. 日常生活自立支援事業は，日常生活における金銭管理を行うための事業であるため，家賃の管理はできない．
4. 成年後見制度では，Eさんの財産管理を行うことが可能である．

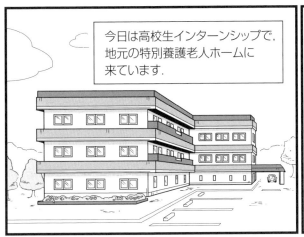

今日は高校生インターンシップで,地元の特別養護老人ホームに来ています.

どーして
あたしがここに…

あたし
介護の仕事するつもり
ないんだけどなぁ

ダイフクにひっぱられて
来ちゃったけど
大変そーだよね

そこの2人!

ボーっとしてないで
お菓子とお茶出すの
手伝って!!

はい
はーい

はい

オッチャー
オチャッチャー♪

ガチャ
ガチャ

こんにちは!

あっハイ!
こんにちは

介護福祉士の
大島といいます

山口です

今日は
よろしくね!

こちらこそ
よろしくお願いします

父がスペイン人
だからなんです！

そういう訳で
よろしく
お願いします！

げっ！

手なんて
にぎっちゃってるし！

今日は
利用者のみなさんと
たくさんお話ししたいと
思ってます！

ベラ
ベラ

ベラ
ベラ

なので
——————
——————

もー……
茶牙…

まあ
元気な部員さん

利用者さんが
普段はお話しない
タイプの方ね

大島
さん！

そういった方と
接する機会があると
利用者さんにとっては
いい刺激になるんですよ

へー
そうなんですね

とはいえ

さすがに一方的に
しゃべりすぎじゃ
ないですかね

利用者さん
ちょっと困ってる気が——

あわ
わわ

たしかに
しゃべりすぎかもね…

もちろん
信頼関係が
築けていれば

体に触れるような
非言語コミュニ
ケーションも
有効よ

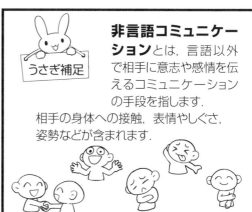

非言語コミュニケーションとは，言語以外で相手に意志や感情を伝えるコミュニケーションの手段を指します.
相手の身体への接触，表情やしぐさ，姿勢などが含まれます.

うさぎ補足

でも介護の現場では
初対面で必要以上に
体に触れると

利用者さんを
警戒させたり
不快な気持ちに
させたりする
可能性があるわ

ありゃー

それから
もうひとつ

会話するときは
利用者さんのペースに
合わせることが重要なの

一方的に次々と
話しかけるようなことはせず
ちゃんと利用者さんのお話を
聞くようにするんです

茶平
真逆じゃん
ウケルー

グッサー

今まで
…

僕が
…

やってきた
ことは…

現場では
通用しない
……

まあまあ

そう落ち込まないの

大島さん…

そんな茶平君には相手のお話を聞くときに役立つ**「質問法」**を伝授するわね

質問法?

質問にも方法があるんですか?

ええ 実はあるのよ

この3つをうまく使い分けて質問するの

- オープン・クエスチョン(開かれた質問)
- クローズド・クエスチョン(閉じられた質問)
- ニュートラル・クエスチョン(中立的な質問)

へー

まずはオープン・クエスチョン

これは相手の自由な答えを求める質問のこと

例えば「お体で何か気になることはありませんか」「どのようなことでお悩みですか」みたいな質問よ

今日の体調はいかがですか?

まぁまぁかな

こんな感じかな?

OPEN

それからクローズド・クエスチョンはYesかNoで答えられる質問

CLOSED

昨晩はよく寝られました？

はい

最後のニュートラル・クエスチョンというのは1つの答えしか求めない質問法で

聞かれた側は迷うことなく答えることができるの

いつも何時頃に起きるんですか？

5時半には起きるねぇ

NEUTRAL

こうした質問法は時と場合に応じて使い分けることで

相手の情報を効率的に得るのに役立つし同時に円滑なコミュニケーションを促進することにもつながるのよ

オープンクローズドニュートラル…!!

そーなんですね！

O C N

OK！これで僕はコミュニケーションマスター！

早っ!!

では生まれ変わった僕は改めてお話に向かいます！

ビシ！！

大丈夫そうね

うん

のみこみ早いね

もう一度いいですか？

53

私達が行う介護現場での
コミュニケーションの基本は
安心感を持ってもらって

話し合うことのできる関係を
つくることなの

そのためには
まずお気持ちを
傾聴(けいちょう)することが
大切なのよ

傾聴?

相手の話を
ちゃんと聞く
態度を示して

話はちゃんと
聞いてるよ?

興味を持って
聴くのが傾聴よ

うそ
つけ

ちゃんと聴いてることが
利用者さんに
伝わるような工夫も
必要ね

そういった
理解的な態度が
利用者さんに
安心感を与えて
信頼関係が
生まれるの

聞いて
くれてる

信頼

どうすれば
聞いてることが
伝わるの?

うーむ

相手の顔を
ちゃんと見て

「それはすごいですね」とか
「大変だったでしょうね」と
いうように相づちをうつことで

「聞いてもらっている」
ということが伝わって
安心感を与えるのよ

最近は
朝と夕方に

家の周りを
散歩してるん
ですよ

へえ〜
1日2回も!

すごい
ですね!!

なるほど!

安心感があれば
利用者さんも
話しやすく
なるよね!

そう!

それから会話を
するときには

共感と受容も
大切よ

何ですか?
それ

「共感」は利用者さんが
何を感じているのかを
意識して共有し

利用者さんの
考え方や感じ方を
理解しようと
することね

家内に
先立たれてから
寂しくてね

それは
お寂しい
でしょうね…

相手が明らかに
または暗に表現した
感情の内容をそのまま
言葉にして

利用者に返すことを
感情の反射(反映)
といいます.

そして利用者さんの考え方
感じ方に共感したうえで

利用者さんの状況を理解し
言動や現時点での気持ちを
受け止めること

これが
「受容」よ

でもいつまでも
落ち込んで
いられないから

少しずつでも
何かをしようって
思ってね

なるほど!

前向きな
お気持ちに
なられて
いるんですね

さらに
もうひとつ！

まだ
あるの!?

会話の際の下図のような姿勢は
「閉じた姿勢」といって偉そうで威圧的な
印象を与えてしまうから気をつけましょうね！

のぞき込む ×

× 腕を組む

× 足を組む

なんで全部
私がモデル？

いっつもやってる
からなんじゃん？

……
……

こーしてみると
私ってヤバくない？

うん

マジヤバイね

……

よし

あのー
さっきは
スミマセン

改めてここ
いいですか？

あっ
ハイ

もちろん
いいですよ

イイネ

さてと 福祉部の
残り1人は
どこだー？

残り

あ

ダイフク
いた

スタ
スタ
スタ

58

距離が近すぎたり
目を凝視したりすると

相手に威圧的な
印象を与えてしまうの

ス…
スミマセン

会話する際には
常に相手の
パーソナルスペース
を意識して

適度な距離を
とることが
大切なのよ

パーソナル
スペース？

コミュニケーションを
とる相手が
自分に近づくことを
許すことのできる
対人距離のこと

このパーソナル
スペースは
相手との親密度に
よって変わるの

遠い

近い

ダイフクは
親密度とか
関係なく
いっつも近すぎ

これからは
気をつけます

ビシッ

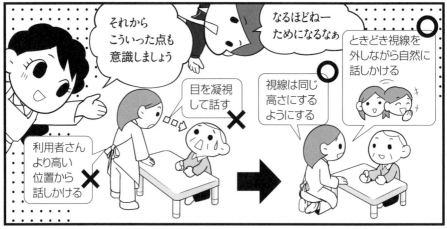

それから
こういった点も
意識しましょう

なるほどねー
ためになるなぁ

ときどき視線を
外しながら自然に
話しかける

目を凝視
して話す ×

視線は同じ
高さにする
ようにする

利用者さん
より高い
位置から
話しかける ×

61

こんにちは！
いいお天気
ですね！

……

僕とお話
しませんか？

私は
いいです
から…

なんか
ダメでした…

ありゃー

ズーン

なんでだろ？
茶平は特に失礼なこと
してないよね？

しょぼーん

うーん…

どうも
あんまり話したく
ないみたいだね

一人が好きなの
かなぁ

——って
聞いちゃったら

話しかけ
づらい!!

でもとりあえず
きっかけを
つかまなきゃ——

八木さんとは
お話できました？

それが——

何を話せば
いいか
わかんなくって…

庭のコスモスが
きれいだったから

八木さんも静かに
観ていたいのかなー
って思って——

一緒に外を
眺めていただけでした一

えへへ

それで
いいんですよ

え??

コミュニケーションは
利用者さんに対する
理解を深めるためのもので

ただ話をすれば
いいというものでは
ないんです

一番大切なのは
利用者さんに
寄り添うことなの

じゃあ
一緒に外を
眺めることも…？

コミュニケーションの
本質をとらえて
無意識に実行
してたんだ

わたし…

ええ

立派な
コミュニケーションよ

何げに
スゴくない
ですか？

ええ
スゴイわ！

なーんてね

ブイ！

え？

知ってても
なかなかあんな自然に
できないものよー

もしかしたら
この仕事
向いてるのかも
知れないね

ボンッ!!

まあ
真っ赤

ピンポーン

昼食の準備ができました

なんか
ハズカシイ

皆様食堂へ
お集まり下さい

あら

じゃあ
行きましょうか

モモコ
顔赤いよ？

え？
そう？

介護の
お仕事か――

66

コミュニケーション

▌コミュニケーションの基本　(➡p.55・56)

- 介護場面におけるコミュニケーションの基本は，相手に安心感を与え，話し合うことのできる関係をつくることである.

　傾聴：単に話を聞くことではなく，耳を傾け，相手の話を聞く態度を示し，興味をもって聞くこと.

　受容：相手の状況を理解し，言動や行動をする現時点での気持ちを受け止めること.（受け入れるのではなく，客観視する）

　共感：相手が何を感じているのかを意識し，共有し，考え方や感じ方を理解しようとすること.

▌会話の際の基本動作　(➡p.58・60)

- 心を開いて，相手に関心を寄せている印象を与える動作を心がける.
- 腕を組む姿勢や足を組むような姿勢，相手をのぞきこむような姿勢は，「**閉じた姿勢**」といって，偉そうで威圧的な印象を与えてしまう.

▼ 閉じた姿勢

腕を組む

足を組む

のぞきこむ

- 視線を適度に合わせる. 相手を凝視するのではなく，ときどき視線を外すなどの工夫をする.

▊ 質問法 (➡p.52・53)

- 必要な情報を効率的に得たり，相手の本音を聞き出したりするためには，一方的に質問をするのではなく，質問法を用いて，時と場所に応じて，臨機応変に質問をするとよい.

    開放型（open question） ：自由な答えを求める質問法.
    例）「どのようなことが気がかりですか?」

    閉鎖型（closed question） ：YesかNoで答えられる質問法.
    例）「お食事はとりましたか?」

    中立型（neutral question） ：1つの答えしか求めない質問法.
    例）「お子さんは何人いらっしゃいますか?」「2人です.」

介護福祉士国家試験問題

28-33

傾聴の技法として，最も適切なものを1つ選びなさい．

1. 最初に客観的事実を確認してから聴く．
2. 相手の言葉を妨げないで，じっくり聴く．
3. 相手の目をじっと見つめながら聴く．
4. 早い動きでうなずきながら聴く．
5. 解決策を提案しながら聴く．

32-4

高齢者とのコミュニケーションにおける配慮として．最も適切なものを
1つ選びなさい．

1. 相手と視線が合わせられる位置で話す．
2. 相手には座ってもらい，自分は立ったまま話す．
3. 初対面のときから相手と密着した距離で話す．
4. 相手の表情があまり見えない薄暗い場所で話す．
5. たくさんの人がいる，にぎやかな場所で話す．

 解答

28-33の答え ：2（p.55参照）：3. 相手を凝視すると威圧感を与えてしまうため，ときどき視線
を外すなどの工夫が必要である．

32-4の答え：1（p.60参照）

69

…という訳で
さっきおふくろを
引き取ってきたんや…

○×市なんて
エラく遠くへ行ったもんやで

うさぎ補足

認知症高齢者が徘徊によって行方不明にならないよう，全国の市区町村で**徘徊SOSネットワーク**事業が実施されています．これは徘徊の可能性のある高齢者の名前や特徴，家族の連絡先などの情報を把握しておき，地域の関係機関や企業，商店などと連携して，早期に発見・保護できるようにするしくみです．

ヨネさん
今はおうちに
いるの？

ああ…
ヘルパーさんに
みてもろうてるわ

……
……
おふくろ

だいぶ
認知症が進行してる
みたいでなぁ

要介護度も3に
更新されたんや

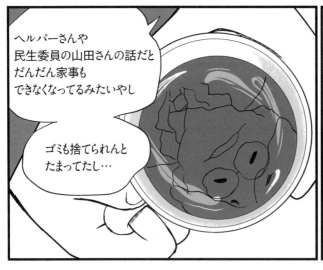

ヘルパーさんや
民生委員の山田さんの話だと
だんだん家事も
できなくなってるみたいやし

ゴミも捨てられんと
たまってたし…

そのうえ徘徊が
はじまるなんて

もうおふくろ
一人暮らしは
無理やろうな…

大阪で一緒に暮らせないの？

あの調子では難しいなあ…

息子が中学生と高校生で2人とも受験控えてんねん

嫁はパートに出とるし…

老人ホームに入所していただくっていうのはどう？

うーん

きっとお金がかかるやろうなあ

オレは家のローンや子どもの教育費やらで精一杯やし

おふくろは年金生活やからなあ…

…いったい…どないしたらええねん…

入れるとこ…あるんやろか……

……
……

ボロボロボロ

おじさん元気出して

きっと何か解決策があるよ！

そうだ！

学校の福祉部で何かいい方法ないか相談してみるね

73

そうだね…
おふくろは
年金生活
って言ってたけど
年金って
どのくらい
もらえてるのかな？

年金の話と
聞いて!!

おお！
制度に詳しい
茶平！
年金について
詳しく知りたい
んですね!?

近所の一人暮らしで
年金生活のヨネさん
いくらもらってるの
かなーって
なるほど
なるほど

ヨネさんのご主人は
サラリーマンだった？
うん
だけどだいぶ前に
亡くなってるよ
ヨネさんは
働いてた？
ううん
ずっと専業主婦
それが何か
関係あんの？

あるんです!!
じゃあまず
年金のしくみ
について
説明しよう！
お願いします！

年金保険は
社会保険のひとつってこと
知っているかな？

知ってるよ

「いいね
コロかい？」の
「ね」だよね
（➡1巻p.66）

コロ
ちゃん

イヌ…

そうっ!!

で
この年金！

どういうときに
お金をもらえるかは
知ってる？

歳をとったら
でしょ？

そうなんです!!

でも

それだけじゃ
ないんです

年金保険には
これら3つが
存在するんです！

老齢年金

65歳以上になった
ときから毎月支給
される.

障害年金

障害がある方に
支給される.

遺族年金

被保険者が
亡くなったとき
妻や18歳未満の
子などに支給される.

へぇー
全然知らな
かった～

ボクは
知ってたヨ

突然ですが
ここで
クイズです!!

全ての国民に加入義務のある*
この年金保険ですが
保険料を支払うのは
ズバリ何歳からでしょうか？

お答えください！

ハタチ
20歳！

せいかーい！

国民全員が
加入するのは
国民年金保険で

対象年齢は
**20歳以上
60歳未満**

ちなみに20歳以上なら
学生でも強制加入ね

えっ!? 何でこんなこと…

ってことは
あたし達も
もうすぐ加入!?

高2
17歳

そうなん
です!!

そしてこの国民年金で
給付されるのは
基礎年金といって

被保険者が払った
保険料と国庫から
半分ずつ負担されて
いるんだよ

被保険者

保険料
1/2

国庫
1/2

基礎年金

＊国内に居住する外国人や，外国で働く日本人（出張など）も加入の対象となります．

で その基礎年金って
いくらもらえるの？

サッ

カチカチカチ

えーっと

しばし
お待ちを！

老齢年金だと…例えば
2016（平28）年度の
基礎年金の平均月額は
約5.5万円＊だね

えっ？
月額？

20歳から60歳に
なるまでの40年間
もれなく保険料を
支払っても…

ええええっ!?
少なっ！

それじゃあ
生活できないよ！

満額で月額
6.5万円…

ウンウン

いいねえ！！
いいリアクションだ！

説明し甲斐が
あるよ～！

ちょっと！

どーゆー
ことよ!?

そう！
この基礎年金だけじゃ
不安だよね

そこで基礎年金に
上乗せして給付する
制度として
国民年金基金
厚生年金があって
職種によって加入する
年金が異なるんだ

＊「平成28年度厚生年金保険・国民年金事業の概況」（厚生労働省）より

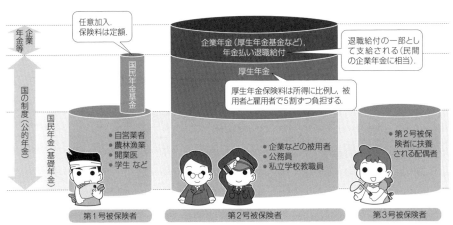

医療情報科学研究所 編：公衆衛生がみえる（第4版）：p.156，メディックメディア，2020（引用改変）

＊「平成28年度厚生年金保険・国民年金事業の概況」（厚生労働省）より

でもサラリーマンだった
旦那さんって
もう亡くなって
いるんだよね

ヨネさんは
厚生年金
もらえないか…

心配
ご無用!!

あー
そっかー…

ヨネさんの場合は
第3号被保険者にあたるから

厚生年金の被保険者が
死亡した場合に支給される
遺族厚生年金を
受給できるんだよ!

それって
いくら
もらえるの?

旦那
さん

厚生年金の被保険者
つまり亡くなった
旦那さんが受給できる
はずだった
基礎年金を除く

厚生年金額のうちの
4分の3が受給
できるんだよ

説明
長イヨー

うさぎ補足

遺族厚生年金は，被保険者が次の資格条件のいずれかに該当した状態で死亡した場合，遺族に支給されます．

① 被保険者が死亡した場合．
② 被保険者の資格を喪失した後に，被保険者であった間に初診日のある傷病によって，初診日から起算して，5年以内に死亡した場合．
③ 1級または2級の障害厚生年金の受給権者が死亡した場合．
④ 老齢厚生年金の受給権者，または受給資格期間を満たした者が死亡した場合．

支給される遺族の範囲は次のとおりです．
※①〜④の番号は支給される優先順位

① 妻，子*，55歳以上の夫	② 55歳以上の父母（60歳から支給）	③ 孫	④ 55歳以上の祖父母

ってことは
ヨネさんは旦那さんの
4分の3を受給できる

…って何の
4分の3だっけ

えーっと

厚生年金額
じゃない?

平均いくら
だったっけ?

えーっと

*子が遺族厚生年金を受給する場合，遺族基礎年金と併給されます．

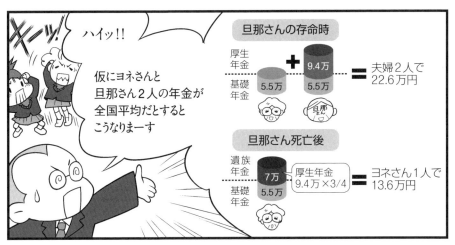

ハイッ!!

仮にヨネさんと旦那さん2人の年金が全国平均だとするとこうなりまーす

旦那さんの存命時

厚生年金 ＋ 9.4万 ＝ 夫婦2人で22.6万円
基礎年金 5.5万 5.5万

旦那さん死亡後

遺族年金 7万 厚生年金9.4万×3/4 ＝ ヨネさん1人で13.6万円
基礎年金 5.5万

ダイフクありがと…

脳血管切れるかと思ったわ

そんなに?

あとはもらう額だけど出ていく額も重要だよね

うん

そもそもヨネさんみたいな一人暮らしってどのくらい生活費がかかるのかな?

カチャカチャ

では!

60歳以上の女性単身世帯の家計支出額の平均値はこんな感じです

① 食　料	¥34,864	⑦ 交通・通信	¥ 13,520
② 住　居	¥13,721	⑧ 教　育	¥ 0
③ 光熱・水道	¥12,991	⑨ 教養・娯楽	¥ 16,531
④ 家具・家事用品	¥ 6,409	⑩その他の消費支出	¥ 36,971
⑤ 被服及び履物	¥ 5,377	（交際費	¥ 21,064)
⑥ 保健医療	¥ 8,244	（仕送り金	¥ 591)
		消費支出合計	¥148,628

（資料：「家計調査」総務省，2017［平29］年）
※家計調査では，①〜⑩を消費支出の10大費目としています.

ほー

1人でも結構かかるねー

…実は支出は
これだけじゃないんだ…

この金額は
消費支出だけを
計算したもの…

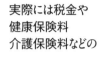

実際には税金や
健康保険料
介護保険料などの

非消費支出も
支払わなくては
ならないんだよ～

じゃあヨネさん
ギリギリかも…

うさぎ補足

消費支出と非消費支出はそれぞれ次のように分けられます．

消費支出

- 生活費，家計費ともいわれ，主として実収入があてられる．
- 支出の目的や用途により，食料費，住居費，光熱費，被服費，教育費，教養娯楽費，交通通信費，保険医療費等の費目に分けることができ，個人や家族のために直接使用するもの．

非消費支出

- 個人や家族のために間接的に使用するもので，直接税や社会保険料などが該当する．
- 実収入から非消費支出を差し引くと，可処分所得が得られる．

ヨネさんは
遺族年金があるから
まだいいけど

国民年金
だけの人は
本当に大変だと
思うよ

ちなみに国民年金加入中の
人が亡くなった場合

その人によって生計を維持されていた
「18歳*到達年度の末日までの
間にある子のいる配偶者」
または「子」には
遺族年金が
支給されるよ

＊子に障害がある場合は20歳になるまで支給．

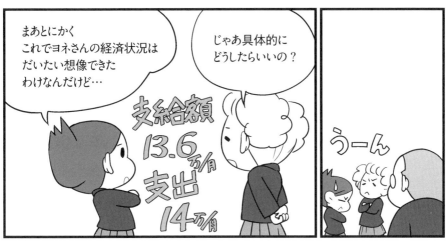

まあとにかく
これでヨネさんの経済状況は
だいたい想像できた
わけなんだけど…

じゃあ具体的に
どうしたらいいの？

支給額
13.6万/月
支出
14万/月

うーん

まずは
ヨネさんが施設に
入るとしたら
どういうところがあるか
ってことから
考えてみたらどうかな？

なるほど

施設にも
種類があるのね？

認知症の有無や
要介護度など

個人によって必要な
ケアの程度が異なるから
いろんな施設があると思うよ

だったら！

ボクたち福祉部で
施設について
リサーチしようよ!!

ビックリした！
ビックリした！

ガクガク

じゃあまずは
施設について
調べよっか

うん

▌年金給付の種類 (➡p.76)

● 年金には，一定の年齢以上の者に支給される**老齢年金**のほかに，**障害年金**，**遺族年金**がある．

▌年金制度の構造 (➡p.77〜79)

● 公的年金制度は2階建ての構造をとっており，これに企業の年金が上乗せされて3階構造となる場合もある．全国民（20歳〜60歳）が加入する**国民年金**（基礎年金）を土台として，職種によって変わる報酬比例の年金を支給する**厚生年金**（被用者）が加算され，さらに企業による**年金基金**などが上乗せされる．

● 基礎年金の給付の費用は，保険料と国庫から2分の1ずつ支払われている．

▼ 年金制度の構造

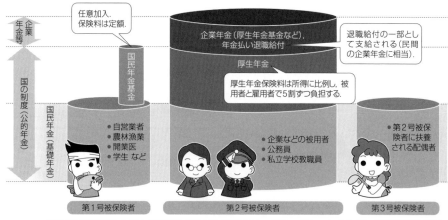

医療情報科学研究所 編：公衆衛生がみえる（第4版）：p.156, メディックメディア，2020（引用改変）

消費支出と非消費支出 (➡p.82)

消費支出

- 生活費，家計費ともいわれ，主として実収入があてられる．
- 支出の目的や用途により，食料費，住居費，光熱費，被服費，教育費，教養娯楽費，交通通信費，保険医療費等の費目に分けることができ，個人や家族のために直接使用するもの．

非消費支出

- 個人や家族のために間接的に使用するもので，直接税や社会保険料，国民健康保険などが該当する．
- 実収入から非消費支出を差し引くと，可処分所得が得られる．

介護福祉士国家試験問題

25-8

国民年金の被保険者に関する次の記述のうち，正しいものを
1つ選びなさい.

1. 被保険者にならなければならない者は，被用者でない場合，
   20歳以上65歳未満の者である.
2. 国籍にかかわらず，要件を満たせば被保険者となる.
3. 厚生年金の被保険者である者は，国民年金の被保険者に
   はなれない.
4. 20歳以上でも学生である期間は，被保険者にはなれない.
5. 厚生年金の被保険者に扶養されている配偶者は，被保険
   者にはなれない.

29-56

1か月の実収入が12万円の高齢者世帯で，消費支出が14万円，
非消費支出が2万円の場合，可処分所得として，正しいものを
1つ選びなさい.

1. 8万円
2. 10万円
3. 12万円
4. 14万円
5. 16万円

25-8の答え ：2 (p.77 参照)

29-56の答え：2 (p.82 参照)：「実収入（12万）」−「非消費支出（2万）」＝「可処分所得（10万）」
　　　　　　　　となる.

で 介護保険施設に入ると
どんなサービスが
受けられるの？

介護保険施設では
「介護保険法で定められた
施設サービス」が
1割の自己負担で
受けられるんだよ

あっ でも
所得に応じて
一部の人は2割
または3割負担になるんだ

「介護保険の施設サービス」とは，
入浴，排泄，食事等の
介護その他の日常生活上の世話，
機能訓練，健康管理
療養上の世話などのことです．

うさぎ補足

じゃあ介護保険
施設に入れれば
全部のことに
介護保険使えるんだ

めっちゃ
安くすみそうだね

いいや
居住費[*1]や**食費**
日常生活費[*2]などは
自己負担になるんだ

えー
そんなー

でも もしそういった負担が
介護保険で賄われるとしたら
同じ要介護度の
在宅の人に比べて不公平でしょ

……
そうか

*1 個室では，室料＋光熱費，多床室では光熱費のことを指します．
*2 理美容代や身の回りの品，教養娯楽品等の費用のことを指します．

Hey!

ダイフクくん
1つ質問だ！

わっ！

介護保険施設以外の所では
介護保険のサービスは
使えないってことかい？

みんなが介護保険料を
払っているのに
それじゃ不平等じゃないかい？

大丈夫!!

介護保険施設以外の
施設のうち
②有料老人ホーム
③養護老人ホーム
④軽費老人ホーム
では

要介護認定を受けていれば
介護保険の**「特定施設入居者生活介護」**
が受けられる場合があるよ

特定施設
入居者…？

つまり
特定施設である②③④は
そこに住んでいながらにして
介護保険の施設サービスと同様に

入浴や排泄 食事などの
介護をはじめとした日常生活の
お世話（生活介護）や
機能訓練を受けることが
できるってことだよ

ナルホド

…だけど②③④の
中でも最も多い
②の有料老人ホームは
そもそも民間の
施設だからね…

介護保険施設よりは
利用料が割高なのが
一般的だよ

中には
入居一時金が
何千万もするような
すごーく高い
所もあるんだ

そうなんだ…

高いんだね…

うさぎ補足

養護老人ホーム,
軽費老人ホームに
ついてはp.95を
読んでね.

ちなみに①の「サービス付き高齢者
向け住宅」(➡p.114) でも指定基準を
満たしたところだったら

特定施設入居者
生活介護を
受けられるよ

特定施設入居者生活介護事業者の
指定を受けるためには, 次の3つの
基準を満たす必要があります.

①人員基準
②設備基準
③運営基準

もし指定基準を
満たしていない
施設でも

自分で居宅介護
事業者と契約して
介護保険のサービスを
受けることができるんだ

指定基準を満たしていない施設

利用者

介護保険の
サービス提供

契約

居宅介護事業者

派遣

家で暮らしてるのと
同じだね

…それにしても
いろいろあるね

うーん
難しいな…

そうなんだよ
僕もここまで
理解するのに
すごく時間が
かかったよ

そこで
提案なんだけど
いくつかの施設を
見学してみない？

見学
できるの？

行き
たーい！

実はすでに今週末見学の許可をとってあるんだ

僕ももっと詳しく知りたいしね

エッヘン

おー！さすが！

ダイフクえらい!!

…今週末だって!?

その日はダンスのコンテスト…!!

ダイフクくん何とかならないのかい!?

ザワザワ

大丈夫だよオちゃんと後で報告するからさあ

そうそう茶平はダンスコンテスト入賞の報告してよね!!

入賞報告!!まかせといてよ!!

グッ

ハ〜…

扱いやすい…

…じゃあ今週末は茶平くんがダンスコンテスト

ユメカさんモモコさん 僕は施設見学ってことでいい？

ウォーッ

オーケート!!

在宅生活困難高齢者の選択肢

▌ 高齢者向けの住宅や施設 (➡p.88)

▼ 介護保険施設*

> ① 介護老人福祉施設
> ② 介護老人保健施設
> ③ 介護医療院

* 介護療養型医療施設は，2017（平29）年の介護保険法改正により廃止となった．
経過措置期間は2023年度末まで．

▼ 介護保険施設以外の高齢者の住まい等

> ① サービス付き高齢者向け住宅
> ② 有料老人ホーム
> ③ 養護老人ホーム
> ④ 軽費老人ホーム
> ⑤ 認知症高齢者グループホーム

介護保険施設の施設サービス (➡p.89)

- 施設入所者に対する，入浴，排泄，食事等の介護その他の日常生活上の世話，機能訓練，健康管理，療養上の世話などのこと．
- **1割**の自己負担にて利用できる．
  - …一定以上の所得がある場合は2割負担．現役並みの所得がある場合には3割負担となる．
- **居住費**，**食費**，**日常生活費**などは自己負担となる．ただし，所得等に応じ，「特定入所者介護サービス費」が支給され，自己負担を軽減するしくみがある．

特定施設入居者生活介護 (➡p.90・91)

- **特定施設**の入居者は，介護保険の居宅サービスの1つである**特定施設入居者生活介護**サービスを受けることができる．
  - …**有料老人ホーム**，**養護老人ホーム**，**軽費老人ホーム**が**特定施設**とされる．
  - …**サービス付き高齢者向け住宅**は，人員基準，設備基準，運営基準を満たすことで**特定施設**とされる．

有料老人ホーム

都道府県の認可のもと，厚生労働省の指針に基づいて，設置・運営されている民間の施設である．

▼ 有料老人ホーム3つの型

介護付有料老人ホーム （入所施設タイプ）	● 特定施設入居者生活介護に指定されている. ● 外部のサービスを利用しながら，生活を続けられる.
住居型有料老人ホーム （賃貸住宅タイプ）	● 生活支援のサービスがある. ● 介護が必要になっても本人の希望により生活を続けられる.
健康型有料老人ホーム （賃貸住宅タイプ）	● 食事のサービスがある. ● 介護が必要になれば退去しなければならない.

老人福祉施設

『老人福祉法』に基づく施設である．

▼ 老人福祉施設

① 老人デイサービスセンター	② 老人短期入所施設
③ 養護老人ホーム	④ 特別養護老人ホーム*
⑤ 軽費老人ホーム	⑥ 老人福祉センター
⑦ 老人介護支援センター	

*特別養護老人ホームは，『介護保険法』では介護老人福祉施設の指定を受けているため，介護保険が利用できる場合には，介護保険の入所施設である介護老人福祉施設として利用されます.

▼ 老人福祉施設（入所施設）

軽費老人ホーム		● 家庭環境，住宅事情などの理由により，居宅における生活が困難な60歳以上の高齢者が低額で利用できる. ● 入所定員は20人以上とする. 　…都市部では，入所定員を20人以下とし，設備基準が緩和された軽費老人ホームとして**都市型軽費老人ホーム**が設置されている.
	A　型	● 身寄りがない，あるいは家族との生活が困難な60歳以上の高齢者が対象. ● 給食サービス付き.
	B　型	● 対象者はA型と同様であるが，自炊できる状態の人が対象.
	ケアハウス	● 日常生活上必要な便宜を受けて健康で明るい生活を送れるように，居住機能と福祉機能を併せもった施設.
養護老人ホーム		● 身体上もしくは精神上または環境上の理由，および経済的な理由により居宅での生活が困難だが，身の回りのことはできる65歳以上の高齢者が入所. ● 生活保護を受けているなど困窮していることが入所の条件.
特別養護老人ホーム （介護老人福祉施設）		● 心身の著しい障害のため常時介護を必要とする要介護者で，かつ居宅での介護が困難な高齢者が対象. ● 特に必要がある場合は，65歳未満でも入所可能. ● 介護保険施設（都道府県知事の指定が要件）でもある.

ここは**特別養護老人ホーム** 略して**特養**と呼ばれる 施設です

介護保険では **介護老人福祉施設** というんですよ

常時介護が必要で **自宅では生活するのが 困難な人が** 対象になります

ここに入居している みなさんは 日常生活上の支援や 介護を受けながら 生活しているんですよ

▼ 指定介護老人福祉施設の人員，設備及び運営に 関する基準（第1条の2）

指定介護老人福祉施設は，施設サービス計画 に基づき，可能な限り，居宅における生活へ の復帰を念頭に置いて，入浴，排せつ，食事 等の介護，相談及び援助，社会生活上の便宜 の供与その他の日常生活上の世話，機能訓練， 健康管理及び療養上の世話を行うことにより， 入所者がその有する能力に応じ自立した日常 生活を営むことができるようにすることを目指 すものでなければならない.

施設って 病院みたいなものを 想像してたんですが 全然違うんですね

うん リビングも広くて 明るい

家に居る みたいだよね

そうなんです 生活の場ですからね 家庭的な雰囲気を 大切にするためにも

この施設では **「ユニットケア」**を 取り入れて いるんですよ

うさぎ補足

施設全体でユニットケアによる
支援が行われる特養を
「ユニット型介護老人福祉施設」
または**「ユニット型特別養護老人
ホーム」**とよびます.

▼ ユニット型指定介護老人福祉施設の基本方針
　（指定介護老人福祉施設の人員，設備及び運営
　に関する基準 [第39条]）

> ユニット型指定介護老人福祉施設は，入居
> 者一人一人の意思及び人格を尊重し，施設
> サービス計画に基づき，その居宅における
> 生活への復帰を念頭に置いて，入居前の居
> 宅における生活と入居後の生活が連続した
> ものとなるよう配慮しながら，各ユニットに
> おいて入居者が相互に社会的関係を築き，
> 自律的な日常生活を営むことを支援しなけ
> ればならない.

うさぎ補足

『介護保険法』の改正により，2015（平27）年4月より，特養の入所は，原則，**要介護3**以上の方に限定されることとなりました．

そうなんですか…

うーん…

…

地域密着型サービスにも**地域密着型介護老人福祉施設**（➡1巻p.96）がありましたよね？

ええ

この近くにもありますよ

地域密着型の特養は入所定員が**29人**以下と小規模で

施設のある市区町村に住んでいらっしゃる方のみ入居できるんですが

おっ！

そこならすぐに入所できますか!?

いえ

そこもやっぱり待機者が多いらしいです…

おーう

うさぎ補足

地域密着型介護老人福祉施設の入所についても，2015（平27）年4月より，原則，要介護3以上の方に限定されます．

特養は無理かなー…

そうだね…

あ でも 介護保険施設ってあと2種類あったよね

うん

老健と介護医療院

そう
その2つ

こことはどう
違うんですか？

老健 正確には
介護老人保健施設は

医学的管理のもとで
リハビリや介護を行って
在宅復帰を目指すための
施設です

▼ 介護老人保健施設の人員，施設及び設備並び
に運営に関する基準（第1条の2）

介護老人保健施設は，施設サービス計画に
基づいて，看護，医学的管理の下における
介護及び機能訓練その他必要な医療並びに
日常生活上の世話を行うことにより，入所者
がその有する能力に応じ自立した日常生活を
営むことができるようにするとともに，
その者の居宅における生活への復帰を目指
すものでなければならない．

もうひとつの
2018（平30）年度から
新設された
介護医療院は

長期療養のための
医療と日常生活上の
世話（介護）を一体
的に受けるための
施設なんですよ

▼ 介護医療院の人員，施設及び設備並びに運
営に関する基準（第2条）

介護医療院は，長期にわたり療養が必要である者
に対し，施設サービス計画に基づいて、療養上の
管理、看護、医学的管理の下における介護及び機
能訓練その他必要な医療並びに日常生
活上の世話を行うことにより，その者
がその有する能力に応じ自立した日常
生活を営むことができるようにするもの
でなければならない．

ヨネさんは
認知症だけど
体が不自由な
わけではないから

老健も介護医療院
も適切ではないね

そっかー
……

認知症の方の
入所施設を
お探しなんですね

そうなんです

一人暮らしなんですが
一人での生活が
難しくなってきてて…

でしたら**グループホーム**
（➡p.121）
という選択肢もありますよ

**小規模多機能型
居宅介護**（➡p.108）

**定期巡回・随時対応型
訪問介護看護**（➡p.113）

また最近は
こういった
サービスを利用して
一人暮らしを
継続される方も
多いんですよ

漢字ばっか…

な…
長い!!

えーっと
しょうきぼ〜
なんだっけ

ていきじゅんかい
ずいじー
なんとかかんとか

どっちも
介護保険の
地域密着型
サービスだよ

地域密着型サービスは
高齢者が住み慣れた地域で
安心して暮らしていけるように
作られたサービスなんだ

じゃあそれを利用すれば
ヨネさんも一人暮らしが
続けられるってこと？

あんまり具体的な
イメージがわかないなあ…

では実際に
見学してみては
いかがですか？

まとめ
7

介護保険施設

▌ 介護保険施設 (→p.98・102)

- 利用者の生活習慣を尊重し，安心とよりよい心身の状態をもたらすことを目指している．

▼ 介護保険施設の種類*

介護老人福祉施設 （特別養護老人ホーム）	●在宅での生活が困難で，生活全般の介助を必要とする高齢者が入浴・食事等の介護などを受け，自立した日常生活が送れることを目指す．
介護老人保健施設	●病状の安定した状態で，医学的管理のもと機能訓練や介護を受け，在宅への復帰を目指す施設．（通常入所期間は3ヵ月）
介護医療院	●長期療養のための医療と日常生活上の世話（介護）を一体的に受けるための施設．

* 介護療養型医療施設は，2017（平29）年の介護保険法改正により廃止となった．経過措置期間は2023年度末まで．

ユニットケア (➡p.98・99)

- 入居者がユニット内で相互に社会的関係を築き，自律的な日常生活を営むことを支援する.
- ユニットは10部屋程度の個室と，リビングスペース，浴室，トイレなどで構成される.
- ユニットごとに食事やレクリエーションを行う.

介護福祉士国家試験問題

28-8

2015年（平成27年）4月に施行された介護保険制度の改正内容として，正しいものを1つ選びなさい．

1. 低所得者の保険料負担を引き上げた．
2. 介護老人福祉施設の新規入所者を原則として要介護3以上の者にした．
3. 予防給付の訪問介護（ホームヘルプサービス）・通所介護（デイサービス）を都道府県が実施する事業に移行した．
4. 施設利用者の食費・居住費を補う補足給付の対象者を拡大した．
5. 一定以上の所得のある利用者の自己負担割合を3割に引き上げた．

31-11

2018年（平成30年）に施行された介護保険制度の改正内容として，正しいものを1つ選びなさい．

1. 介護医療院の創設
2. 定期巡回・随時対応型訪問介護看護の創設
3. 在宅医療・介護連携推進事業の地域支援事業への位置づけ
4. 地域包括支援センターへの認知症連携担当者の配置
5 法令遵守等の業務管理体制整備の義務づけ

解答

28-8の答え ：2（p.101 参照）：1. 低所得者への負担軽減措置として保険料負担を引き下げた．
4. 費用負担の公平化の観点から，施設利用者の預貯金が勘案されることとなり，補足給付の対象者は縮小された．

31-11の答え：1（p.102 参照）

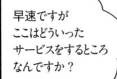

早速ですが
ここはどういった
サービスをするところ
なんですか？

「通い」を中心として
24時間365日
介護サービスを
提供しています

小規模多機能型居宅介護

通いが中心ですが
ヘルパーの訪問や
宿泊もできる
複合したサービスを
提供できるのが特徴です

状態や
希望により

宿泊
サービス

通い
サービス

訪問
サービス

状態や
希望により

「通い」を中心
とした利用

在宅

ここ一カ所で
いろんなサービスが
受けられるんですね

そうなん
ですよー

では このまま施設内を
ご案内しましょうか？

お願いします

こちらがリビングになります

お家のリビングみたい！

みんな楽しそうですね

なごやか〜

家庭的な雰囲気で過ごせる点も

このサービスの長所なんです

通いで来られている利用者さんはみなさん顔なじみですし

ショートステイや訪問サービスを利用する際にも顔なじみのスタッフの介護を受けられるんです

安心でしょ

うさぎ補足

小規模多機能型居宅介護を利用する場合は，原則的に他の事業所の訪問介護や通所介護，ショートステイなどの居宅サービスは併用できません．ただし，訪問看護，訪問リハビリテーション，居宅療養管理指導，福祉用具貸与は他の事業所のサービスを利用できます．

リビングの向かいのお部屋が宿泊用の個室です

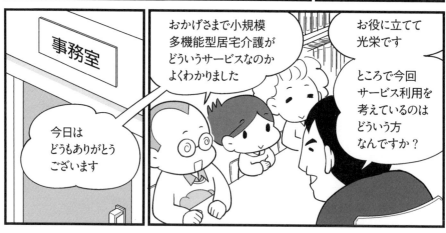

近所に住んでいる
一人暮らしのおばあさんで
認知症なんです

ヨネさん

かくかく
しかじか

なるほど

そういった
事情でしたか

実はここ小規模
多機能型居宅介護は

認知症で
一人暮らしの方にとって
とても利用しやすい
サービスなんですよ

？

どうしてですか？

複数のサービスを
組み合わせて
提供することで

利用者さんの生活を
切れ目なく
支援できるんです

例えば—

通所介護を利用していて
「○時に車のお迎えが来る」
という計画があるとします

○時に
がきます

しかし認知症の方ですと
記憶や見当識の障害で

さーん

お迎えの時間に
出かけてしまったり
支度ができていない
なんてこともあるんです

ピンポーン ピンポーン

こういった利用者さんには
車のお迎えの時間の前に
訪問サービスのスタッフが
お家に伺えば

なるほど

出かけてしまうことも
予防できますし
通いサービスを
利用する際の支度を
お手伝いすることもできます

それになじみの
スタッフばかりですし
時間にも融通が
ききますから

一人ひとりの
状況にあわせて
より柔軟にサービスが
提供できるんですよ

きめ細やかな
サービスなんですね

ただ 利用頻度が
多くなると
利用者さんの料金は
高くなるんじゃ
ないですか？

いえいえ

小規模多機能型
居宅介護の場合は
月ごとの定額なんです

なので必要なだけ
サービスを利用することが
できるんですよ！

それなら
安心ですね

♡ うさぎ補足

小規模多機能型居宅介
護の介護報酬は，要介
護度に応じて設定され
た月単位の定額となっ
ています．（別途食費
などの日常生活費がか
かります）

112

犬山さんが言ってた
介護保険の地域密着型
サービスってもうひとつ
あったよね

何だっけ？

小規模多機
居宅介護

**定期巡回・
随時対応型
訪問介護看護**だね

そうそう
その長いヤツ！

それはどういう
ものなんですか？

長いヤツ‼って

日中 夜間を通じて短時間の
定期的な巡回による
訪問介護と**訪問看護**を
行います

また利用者さんからの
通報により
電話や訪問による
随時対応も行うんです

短時間，定期的に
巡回訪問します．

通報があると
電話や訪問による
随時対応を行います．

オペレーター

随時対応　通報

このサービスも
月ごとの定額で
利用できるんですよ

なるほど！

一人暮らしの方は
助かるでしょうね！

ねえダイフク ヨネさんはこういったサービス使えないのかな？

うーん いいサービスだと思うけどヨネさんの場合は緊急の時に自分で判断して通報することができるか不安だなぁ…

それならグループホーム（➡p.121）か有料老人ホームかな…

最近は**「サ高住」**に入居される高齢者も多いみたいですよ

サコウジュウ？

正式には**サービス付き高齢者向け住宅**といいます

略して「サ高住」とか「サ付き」とも呼ばれてますね

へー

高齢者向けの住宅があるんですね

ええ

単身や夫婦の高齢者向けの賃貸住宅なんです

普通の賃貸マンションと違って**安否確認**や**生活相談**や

その他にも高齢者が日常生活を営むために必要な福祉サービスを提供してくれる場合もあんですよ

その住宅が**特定施設入居者生活介護**（➡p.90）の指定を受けていれば

介護保険サービスも利用できるんですよね！

そういえばダイフクが学校で説明してたっけ……

その通り！よく勉強してるね

うさぎ補足

この法律は，高齢者に適した良好な居住環境を確保することなどを目的としており，基本方針には，高齢者向け有料賃貸住宅の供給促進，保健医療サービス及び福祉サービスを提供する体制の確保などが定められています．

サービス付き高齢者向け住宅は，『高齢者住まい法』（高齢者の居住の安定確保に関する法律）に基づいた制度で，申請すると都道府県知事によって登録が行われます．

ちなみに「サ高住」は有料老人ホーム並みに高いんでしょうか？

建物の建設費や改修費については国の補助があったり

税制の優遇もあるので増えているのですが利用料金は正直言って幅がありますねー

うーん

ただ 賃貸住宅ですから入居の際に一時金は必要なくて敷金・礼金を支払うことで入居できる場合が多いですし

月の利用料も15万〜25万円と有料老人ホームよりは安い場合が多いんですよ

へえー

入居される方はどういった方ですか？

要介護度が低い方が多いですね

認知症の方は入居できないところもあるんです

まとめ 8 　地域密着型サービス

■ 地域密着型サービス

小規模多機能型居宅介護　（➡p.108・109）

● 「**通い**」を中心に，「**訪問**」，「**泊まり**」のサービスを組み合わせて提供する.

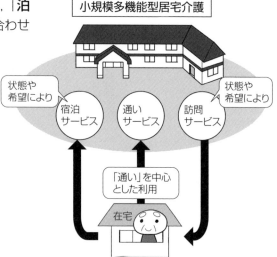

小規模多機能型居宅介護

状態や希望により　宿泊サービス

通いサービス

状態や希望により　訪問サービス

「通い」を中心とした利用

在宅

- 利用する場合には，**訪問看護**，**訪問リハビリテーション**，**居宅療養管理指導**，**福祉用具貸与を除いて**，原則的に他の事業所の居宅サービスを併用できない．
- 介護報酬は，要介護度に応じて設定された**月**単位の定額．

定期巡回・随時対応型訪問介護看護　(➡p.113)

- 日中・夜間を通じて短時間の**定期**的な巡回による**訪問介護**と**訪問看護**を行う．
- 利用者からの通報により，電話や訪問による**随時**対応を行う．
- 介護報酬は，要介護度に応じて設定された**月**単位の定額．

▌高齢者住まい法（高齢者の居住の安定確保に関する法律）

- 2001（平13）年に制定・施行された．
- 高齢者向け有料賃貸住宅の供給促進．
- 持ち家のバリアフリー化の促進．

サービス付き高齢者向け住宅　(➡p.114・115)

- 『高齢者住まい法』に基づいて創設された制度．
- 高齢者向けの**賃貸住宅**または**有料老人ホーム**で，高齢者が日常生活を営むために必要な福祉サービスを提供する．
    - …住宅に関する基準，サービスに関する基準，契約に関する基準を満たすことで，**都道府県知事**によって登録を受ける．

`26-25`

小規模多機能型居宅介護に関する次の記述のうち，正しいものを1つ選びなさい．

1. 2012年度（平成24年度）から開始された介護サービスである．
2. 管理者は，医師であることが義務づけられている．
3. 長期間の宿泊を目的としている．
4. 訪問入浴介護のサービス提供を目的としている．
5. 地域密着型サービスの1つである．

`30-16`

サービス付き高齢者向け住宅に関する次の記述のうち，適切なものを1つ選びなさい．

1. 各居住部分には，台所，水洗便所，収納設備，洗面設備及び浴室の設置が義務づけられている．
2. 居室の面積基準は，15㎡である．
3. 食事の提供が義務づけられている．
4. 入居者は必要に応じて，介護保険サービスの利用ができる．
5. 対象者は，単身高齢者に限られている．

解答

26-25の答え：5（p.116参照）：1. 2005（平17）年の介護保険制度改正によって創設され，翌年に開始された．

30-16の答え：4（p.114参照）：1. 台所，収納設備，浴室については共用部分に備えてもよいとされている．
2. 居室の面積基準は，床面積25㎡以上とされている．
5. 配偶者等がいる者も該当する．

第22話 ✴ 認知症高齢者グループホーム

ラララ～♪

グッド
アフタヌーン！！

ダンスコンテスト
優勝者が
福祉部に登場！

スゴーイ
ヤッタネー

それはそれは
おめでたいね

オヤオヤ？

盛り下がって
るねー！

ヨネさんの件で
いろいろ施設を
見学したものの

まだ「ココだ！」って
ところが見つから
ないんだよ

なんと！

茶平ウルサイ！！
考えまとまんないから
静かにして！

オーウ
ユメカさん
つれないなあ

ガラ

ヤッホー！
みんな！！

うさぎ補足

認知症高齢者グループホームとは，介護保険の**地域密着型サービス**の1つ，**認知症対応型共同生活介護**のことです．**要支援2**以上であることが入居の要件となります．

121

うさぎ補足

認知症高齢者グループホーム（認知症対応型共同生活介護）は，その運営基準で「**家庭的な環境と地域との交流**の下で，自立した日常生活を営むことができるようにするものでなければならない」と規定されています．

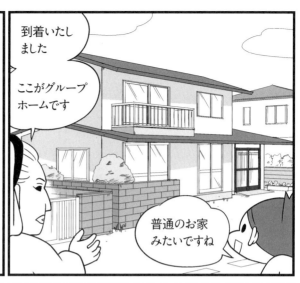

到着いたしました

ここがグループホームです

普通のお家みたいですね

そうです

グループホームの基本は**「共同生活する場」**ですのよ

認知症の方は生活環境が変わることで不安になり落ち着かなくなったり症状が悪化したりしてしまうことがあるんです

ですからなるべく一般家庭に近い落ち着ける環境にしておくことが大事なんですの

うさぎ補足

急激な環境の変化によって，心理的な不安や混乱が高まることを**リロケーションダメージ**といいます．

ごきげんよう〜

どうもどうも
伊集院さん

お待ちして
いました

本日ご案内させて
いただきます

主任の
角田と申します

こちらが入居希望の
島田ヨネさんと息子さん

それからこちらは
うさぎ学苑高校の福祉部の
みなさんです

お話は
聞いてますよ

こんにちは
島田洋一です

よろしく
お願いします

早速ご案内
しますね

ここが居間と食堂を
兼ねたお部屋です

ちょうど今
みんなで夕食の
準備をしているん
ですよ

スタッフさん
だけじゃなくて

入居者の
みなさんも
料理しはる
んですか？

はい

ここでは
買い物や調理
掃除や洗濯など
身の回りのことは

スタッフの力を
借りながら
できるだけ
自分でするんです

127

私一緒に
行きますよ

ユメカちゃん
ありがとうなあ

空きが出たのは
こちらの部屋です

ここもそうですが
入居者さんのお部屋は
原則個室になります

家具は
ないんですか？

居室には
長年使用しているような
使い慣れた家具を
持ち込んでいただくように
しています

そうやって生活環境の
変化を少なくすることで

より安心していただく
ことができるんです

亡くなられた
ご主人や奥様の
遺影と位牌を
持ってこられる方も
いらっしゃいます

それなら
家にいるような
感じで暮らせ
ますね

そうなんです

またグループホームは
大きな施設と違って
入居者が少人数で
1ユニット**5人以上9人以下**
と定められているので

家族と一緒に
いるような
アットホームな感じ
なんですよ

うさぎ補足

認知症高齢者グループホームは『**消防法**』により，**防炎防火対象物等の建築物**とされており，カーテン，布製ブラインド，じゅうたん等について，防火物品の使用が義務付けられています．

ありがとう
ございました

それじゃあ
河原にヨネさんを
迎えに行きますか！

すまんなー

オレは少年野球を
やっとって

毎日のように
この河川敷で
野球の練習を
してたんや

これくらいの時間になると
おふくろが迎えに来て
くれてなあ

将来は
プロ野球
選手だ

おかあ
ちゃん

今日僕
ホームラン
打ったよ

洋ちゃん
すごいね！

日曜日の
練習試合は
必ず観に来て

いちばん大きい声で
応援してくれたわ

やったー！
洋ちゃん

いいぞー

おふくろが観てて
くれると思うと

なんや力が
湧いてきて
ようホームラン
打ったで

——そうか
じゃあヨネさんは

洋一おじさんを迎えに
この河原に来てたんだね

——ねえ
あたしさぁ

介護の仕事
目指してみよう
かなーなんて

え!?

ユメカが!?

そんなに?

なんかやりがい
ありそうじゃん？

今日ヨネさんと
河原で待ってたとき
こんな風に高齢者の
人たちとかかわれる
仕事っていいなーって
思ったんだ

ユメカも？
実はあたしも…

おばあちゃんが
倒れてから
介護の仕事してる
いろんな人たちと
会ってみて

介護福祉士に
なりたいって
思ったんだ

一緒に
介護福祉士
目指そうよ！

オッケー！
ガンバ！

僕は
社会福祉士を
目指してるんだ!!

知ってた

同じく

なーんだ

あはは

——こうして私たちは
次なる道へと歩き始めた
のでした——

認知症高齢者グループホーム

▐ 認知症高齢者グループホーム　　(→p.121・125)

- 介護保険の**地域密着型サービス**の1つ，**認知症対応型共同生活介護**のこと．
- 認知症の要介護者（急性状態を除く）が共同生活し，入浴，排泄，食事等の介護，その他日常生活の世話や機能訓練のサービスの提供を受ける．
  - …**介護予防認知症対応型共同生活介護**の場合は，**要支援2**が対象となる．
- **家庭的な環境**と**地域との交流**の下での生活を支援する．

介護福祉士国家試験問題

25-43

認知症対応型共同生活介護（認知症高齢者グループホーム）の住環境として，最も適切なものを1つ選びなさい．

1. 住宅地から離れた場所に建てる．
2. 定員は10名以上15名以下とする．
3. 居室は多床室とする．
4. カーテンは防炎物品とする．
5. 統一した家具を事業者側が用意する．

29-77

介護保険法における認知症対応型共同生活介護（グループホーム）に関する次の記述のうち，適切なものを1つ選びなさい．

1. 地域住民と関わる機会は少ない．
2. 家庭的な雰囲気によって，症状の安定が図られる．
3. 1ユニットの入所者は10名までである．
4. 機能訓練は行わない．
5. 施設が決めた一律の日課によって，生活の維持が図られる．

解答

25-43の答え：4（p.129参照）：1.「家庭的な環境と地域との交流の下で，自立した日常生活を営むことができるようにするものでなければならない」とされており，住宅地から離れた場所に建てるというのは基本方針に反する．
　　　　　　　　　　　　　　　　2. 5人以上9人以下と定められている．

29-77の答え：2（p.128参照）：5. 各利用者の能力や個性に合わせて，個々の計画が立てられている．

索 引

参考文献一覧

- 医療情報科学研究所編：クエスチョン・バンク介護福祉士国家試験問題解説2021, メディックメディア, 2020
- 医療情報科学研究所編：クエスチョン・バンクケアマネ2020, メディックメディア, 2020
- 医療情報科学研究所編：公衆衛生がみえる2020-2021（第4版）, メディックメディア, 2020
- 医療情報科学研究所編：看護師・看護学生のためのなぜ？どうして？2020-2021（第8版）①〜⑩, メディックメディア, 2019
- 医療情報科学研究所編：看護師・看護学生のためのレビューブック2019, メディックメディア, 2020
- 医療情報科学研究所編：クエスチョン・バンク社会福祉士国家試験問題解説2021, メディックメディア, 2020
- 医療情報科学研究所編：社会福祉士国家試験のためのレビューブック2021, メディックメディア, 2020
- 医療情報科学研究所編：クエスチョン・バンク看護師国家試験問題解説2021, メディックメディア, 2020
- 医療情報科学研究所編：クエスチョン・バンク保健師国家試験問題解説2021, メディックメディア, 2020

書籍購入後も さらに 充実のサポート

○ Webサイト「福ぞうくん」は，介護，社会福祉関連の「時事ニュース」，法改正や制度改正をまとめた「法律・統計TOPICS」，受験生なら必ず読んでおきたい「試験クイズ」，「合格者の勉強法」，試験センターからの「試験情報」など，役立つ情報が盛りだくさんです．

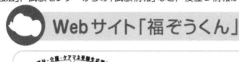

○ さらに，"うさぎ介護福祉士"が，「LINE」，「twitter」で，試験に関する有用な情報をお届けします．すべて無料のサービスですので，ぜひご活用ください．

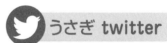

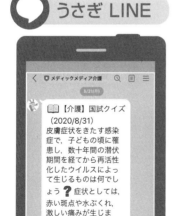

詳しくは 福ぞうくん 検索

- 国試クイズ，国試分析情報などお役立ち情報を配信
- 福祉や医療に関する用語解説機能付

重要な用語の〝英訳〟と〝解説〟を調べることができるよ！

配信はじめました

 ## 介護福祉士受験生・介護学生にうれしい情報盛りだくさん！

国試クイズ

介護福祉士国家試験を分析して，頻出の問題を配信！

新刊情報

介護福祉士受験生・介護学生の定番書籍『クエスチョン・バンク』や『介護がわかる』などの新刊情報もいち早くお届け！

 ## 福祉や医療に関する重要な用語の解説を表示できる！

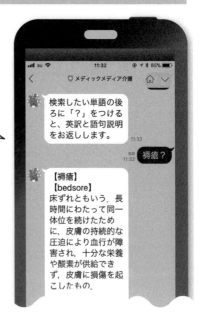

検索したい語句の後ろに「？」を入れてメッセージを送信すると，下記の書籍に掲載されている語句の用語解説が表示されます．

対象書籍

- 『クエスチョン・バンク 介護福祉士国家試験問題解説』
- 『クエスチョン・バンクケアマネ』
- マンガ『介護がわかる』①②巻

Memo

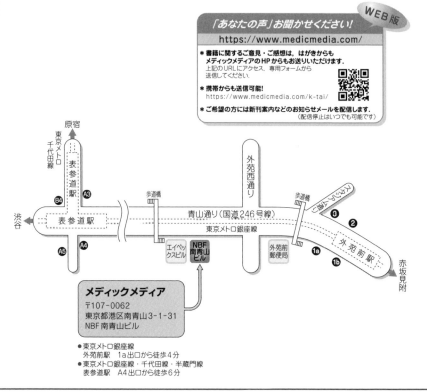

「あなたの声」お聞かせください!

https://www.medicmedia.com/

＊ 書籍に関するご意見・ご感想は，はがきからも
　メディックメディアのHPからもお送りいただけます．
　上記のURLにアクセス，専用フォームから
　送信してください．

＊ 携帯からも送信可能!
　https://www.medicmedia.com/k-tai/

＊ ご希望の方には新刊案内などのお知らせメールを配信します．
　　　　　　　　　　　　　　　（配信停止はいつでも可能です）

WEB版

原宿

東京メトロ
千代田線

表参道駅

A3
B4

渋谷

表参道駅

A5 A4

歩道橋

青山通り（国道246号線）

東京メトロ銀座線

エイペックスビル

NBF
南青山
ビル

外苑西通り

歩道橋

外苑前郵便局

1a

9

2

外苑前駅

1b

赤坂見附

メディックメディア
〒107-0062
東京都港区南青山3-1-31
NBF南青山ビル

● 東京メトロ銀座線
　外苑前駅　1a出口から徒歩4分
● 東京メトロ銀座線・千代田線・半蔵門線
　表参道駅　A4出口から徒歩6分

● 落丁・乱丁はお取替えいたしますので，小
　社営業部までご連絡ください．
　eigyo@medicmedia.com
● 書籍の内容に関するお問い合わせは，「書
　籍名」「版数」「該当ページ」を明記のうえ，
　下記からご連絡ください．
　https://www.medicmedia.com/contact/
● 本書および付録の一部あるいは全部を無断
　で転載，インターネット等へ掲載することは，
　著作者および出版社の権利の侵害となりま
　す．予め小社に許諾をお求めください．
● 本書を無断で複写・複製する行為（コピー，
　スキャンなど）は，「私的使用のための複製」
　等など著作権法上の限られた例外を除き，
　禁じられています．自らが複製を行った場合
　でも，その複写物やデータを他者へ譲渡・
　販売することは違法となります．
● 個人が営利目的ではなく「本書を活用した学
　習法の推奨」を目的として本書の一部を撮影
　し，動画投稿サイト等に収録・掲載する場
　合に限り，事前の申請なく，これを許可い
　たします．詳細については必ず小社ホーム
　ページでご確認ください．

介護がわかる②
生活を支える制度

平成27年　6月12日　第1版　第1刷　発行
平成30年　10月19日　第2版　第1刷　発行
令和2年　10月3日　第3版　第1刷　発行

編　　集　　医療情報科学研究所
発行者　　岡庭　豊
発行所　　株式会社 メディックメディア
　　　　　　〒107-0062 東京都港区南青山3-1-31
　　　　　　　　　　　　　　　　　NBF南青山ビル
　　　　（営業）　TEL　03-3746-0284
　　　　　　　　　FAX　03-5772-8875
　　　　（編集）　TEL　03-3746-0282
　　　　　　　　　FAX　03-5772-8873
　　　　　　https://www.medicmedia.com/
印　　刷　　倉敷印刷株式会社

Printed in Japan　ⓒ2020 MEDIC MEDIA
ISBN978-4-89632-817-2